社会情報入門

−生きる力としての情報を考える−

〔改訂版〕

村上則夫 著
Murakami Norio

Introduction to Socio-Information

税務経理協会

改訂版によせて

人生というキャンバスの上では，楽しさや感激，感動したことと共に，悲しみ，苦しみ，悩みさえも，鮮やかな色彩となって，豊かに描きだされる。

残念ながら，「現代」という時代は，時間の流れ方が異常に加速しているために，周囲や周辺の雑音と騒音などに心がみだされ，ゆっくりと時間をおしまず，静寂の中で，日々のみずからの歩みを吟味し，模索し，悩み，喜び，とことん考え，気の合う仲間と語り合うという，人間の本来的ともいえる営みが不可能となっているのも事実ではなかろうか。

人間という存在が，いかに尊い価値のある存在であるのか，かけがえのない大切な存在であるのか，そのことを痛切に感じることができる者は幸いであるが，現代における私たちの実際の生活は，多かれ少なかれ，疲れや戸惑い，困惑や見通しのきかない出来事がふさいで，人間のかけがえのない尊い価値のある存在という真実を隠してしまい，いつの間にかみえなくしてしまうことさえある。まことに，悲しく残念なことでもある。

さて，日本では，数年前から，「人生100年時代」という言葉を頻繁に耳にするようになった。いまや，私たちは100歳まで生きることを前提に，自分自身の人生設計を描く時代にきたといってよいであろう。そして，人間の寿命が延びれば延びるほど，〈生〉の意味や〈死〉の意味について，真剣に問う時代でもあるといえる。

すなわち，現代を生きる私たちの現実の生活が厳しく，"人が生きにくい社会"であればあるほど，では，「長い人生をどう生きるべきか」，「どのような人生をおくるべきか」，そして，「どのように死ぬのか」を静思することは，私たち一人ひとりの人生にとってきわめて重要であり，現代に生きる人間の切実な課題であるといえるだろう。

本書の初版が出版されてから，すでに10年以上が過ぎて，その間，社会情報分野の研究や情報通信技術は飛躍的に向上し，情報メディアの利活用の方法や

手法も多様化し大きく変貌していることから，今回，本書の改訂を機に，必要な個所についての記述や内容などを改めることにした次第である。

　ただし，改定にあたり，初版以上に，日頃，筆者が見聞きしたり，思いめぐらせていることや考えていることを「随想メモ」のように文章化したため，研究書からは，しだいに遠ざかってしまった感がある。この点については，「入門書」という書名に免じて，ご寛容に願えれば幸いである。

　最後に，本書を手にされた方が，どんな時にもどんな場でも，自分の人生をいつも前向きに，丁寧に，何事にも負けないで勇敢に，自分だけの大切な人生の「物語」を生きていただければと願うばかりである。

　なお，今回の改訂版の刊行に際して，いろいろなご配慮と励ましをいただいた株式会社税務経理協会の佐藤光彦氏に対して，深く感謝する次第である。

　2021年10月

村上　則夫

はじめに

　本書は，著者が執筆した4冊目の主著である。

　いずれの分野・領域の書籍であれ，「入門」というタイトルを冠した書籍の執筆は，本来，長きに渡って研究者生活を送り，多くの研究成果を積み重ね，社会的にもそれなりの評価を得た研究者があらわせるものと考えている。その意味では，「総論」や「概論」というタイトルも同様であり，執筆内容が広範囲で，しかも，すべての論理展開に矛盾がなく，全体的に統一のとれた内容となっており，一部の例外を除いて，長年，研究者生活を送った研究者のみに許された栄誉あるものと思っている。

　それにもかかわらず，研究者生活がまだ25年にも満たない筆者が，「入門」というタイトルを冠した書籍を執筆したことに，多少の後ろめたさを感じ，またベテランの研究者の方からも，いくらかおしかりを受けそうであるが，ご容赦をいただければと考えている。

　しかしながら，本書の内容をお読みいただければご理解いただけるように，本書は正真正銘のまぎれもない「入門書」なのである。「入門」とは，門内に入ることを意味する言葉である。

　すなわち，これから，何かをきわめようとする人間が，門の内側に一歩足を踏み入れること，と解釈すれば，まさしく，本書は「社会情報」を理解するための一歩となる書籍であり，それ以上の望みを期待していただくことは不可能といってよいであろう。

　もし，「入門」以上の知識を得たいと思われる方は，筆者がこれまで刊行した下記の書籍を手に取っていただきたい（いずれも，著者は筆者である）。

　『システムと情報』，松籟社，1995年。

　『高度情報社会と人間−日常生活・情報・マルチメディア−』，松籟社，1997年。

『地域社会システムと情報メディア〔三訂版〕』，税務経理協会，2005年。

　現在，高等学校では，「情報」という科目が必修となっている。また，中学校でもパソコンを扱う授業が設けられており，「情報」に関する理論的な内容や技法についても学んでおられることと思う。

　そこで，本書は，大学における講義テキストとして活用されるだけでなく，中学校や高等学校の先生方（特に，学校で情報関連科目をご担当の先生方）にも，ぜひお読みいただければと考えている。また，これから大学で学ぼうとする高校生の方たちにも手にとって読んでいただきたいと考え，漢字へのルビも多くし，できるだけ平易で，読みやすい内容を心がけたつもりである。

　また，本書の副題を〈生きる力としての情報を考える〉としたが，これは，〈現代の社会を生きていく上で必要とする人間の力を引き出し，力を強めたり高める情報について考えてみる〉という意味である。つらい時や苦しい時でも，負けずに生きていく力としての情報を考えると捉えてもよい。

　副題についての筆者の考えについては，第1章の中でも述べているが，本書の展開において，「人間」の存在を見失うことはなく，情報や情報メディアと人間の生き方との関係を軸として，本書全体を展開したつもりである。

　なお，かなり余談な上，恐縮ではあるが，著者の写真や研究領域，あるいはまた，社会貢献などについては，現在，勤務している大学（長崎県立大学）の公式ホームページ（Webページ）の「教員情報」やインターネット上に公開されている〈夢ナビWeb（ワードアプローチシステム）〉などを参照されたい。

　〈夢ナビWeb〉のほうは，さまざまな言葉やデータベースから検索・閲覧し，将来の進路を決める"きっかけ"を提供するWebで，これから大学進学を考える高校生向けに公開されているサイトである（むろん，誰でも閲覧することが可能である）。検索エンジンを利用して，〈夢ナビ〉の画面から，"情報メディア"など情報関連関係のワードを入力し，そのあとの画面の入力項目に筆者の氏名を入力すると，画面が展開されるようになっている。

　筆者としては，一人でも多くの方が本書を手に取り，まず，情報や情報メ

ディアなどについての基本的な知識と理解を得て，それから，さらにさまざま
な視点から深く考えていただけるようになれば，本書をあらわした意味も大き
いと考えている。

2009年9月

村上　則夫

目　　次

社会情報入門

── 生きる力としての情報を考える ──

〔改訂版〕

村上　則夫 著

税務経理協会

あなたはそのままで，すでに愛されている。

愛されて育った人は，困難を乗り越え，人生を力強く歩むこと
ができる。

小さな思いやりの積み重ねが，美しい人と世界をつくる。

（渡辺和子『あなたはそのままで愛されている』より）＊1

父からもらったこのいのちを，

誠実に思いきり生きることが，

父への親孝行だと思っています。

決して消えることのない大きな足跡が，

新たに私の心の中に残されたような気がした。

／父を突然亡くして／

母の顔にご飯粒を吐きかけた私の，

顔のハエを母は手でそっとつかまえようとした。

私は思った。これが母なんだと。

私を産んでくれた，たったひとりの母なんだと思った。

この母なくして，私は生きられないのだ……

（いずれも，星野富弘『ことばの雫』より）＊2

※　星野富広氏（1946年，群馬県生まれ）は，群馬大学教育学部保健体育科を卒業した
後，すぐに群馬県高崎市内の市立中学校の体育教師となるが，その二ヶ月後，クラブ
活動の指導中にあやまって墜落し，首から下の運動機能を失ってしまう。星野氏が24
歳の時であった。群馬大学付属病院入院中より自由になる口に筆をくわえて絵や詩を
描く。現在でも，首から下の自由はほとんどないが，そんな中で，星野氏の描く感動
的な作品は，数多くの人たちをなぐさめ，生きる希望を与えずにはおかない。

第1章

生きる力としての「情報」

負けそうで　泣きそうで　消えてしまいそうな僕は
誰の言葉を信じ歩けばいいの？
ああ　負けないで　泣かないで　消えてしまいそうな時は
自分の声を信じ歩けばいいの
いつの時代も悲しみを避けては通れないけれど
笑顔を見せて　今を生きていこう
今を生きていこう

（アンジェラ・アキ作詞・作曲
「手紙～拝啓　十五の君へ～」より）*3

1　人間理解へのいざない

(1)　「人間」とは何者なのか

　本書を手にしている方は，「社会情報入門」という「門」の扉が開かれ，門の内側に入り込んだわけである。

　しかしながら，題名となっている「社会情報」ではなく，なぜ，最初に「人間」なのか，人間に関する話が始まるのか不思議に思う方も多いことだろう。"あえて，人間を論じなくても"という声が聞こえてきそうである。

　現代では，後述する情報，そして多彩な情報メディアの必要性や重要性に関する議論が盛んに行われ，話題の主流の座にあるが，しかし，よくよく考えて

3

ほしいのである。情報や情報メディアは，そもそも人間の存在があって，情報に価値が生まれ，情報メディアの利用・活用（以下では，「利活用」と称する）の意味がある。

　もし，かりにライオンやオオカミといった動物，あるいはまた，美しいとはいえアサガオやチューリップといった植物だけで，そこに人間の姿がなければ，どれほどの量の情報や情報メディアがあったとしても，なんの意味も価値もない。情報や情報メディアを価値あるものとして認めることが可能なのは，それらを用いることができる人間だけなのである。簡潔には，"人間ありて情報に価値があり，人間が用いて情報メディアの機能が発揮される"というのが筆者の基本的な認識である。

　そして，本書の副題となっている「生きる力」は，当然ながら，人間の生きる力である。

　このような意味からも，本書では，まず人間そのものについての簡単な検討から開始することをご了解いただきたいのである。

　「人間」とは，本来何なのか。「人間」とは，一体，何者なのだろうか。この問いは，いつの時代も，私たちに強く迫ってくる問題である。

　ギリシャ神話は，古代ギリシャ人がうみ出した神話・伝説の総称をいい，ヨーロッパ諸国の美術・文芸に強い影響を与えたことで知られる。特に，古代ギリシャ三大悲劇詩人の一人・ソフォクレスの作品「オイディプス王」は有名で，今日でも，世界中いたるところでいろいろな形式で演じられている。

　その全体のストーリーは省略するとして，この作品ではティーバィという国の近くに住む，顔が女性で身体がライオンの姿をした怪物・スフィンクスが旅人を待ち伏せては"ある謎"をかけ，その謎が解けないと断崖からけ落として旅人を殺してしまう。これまで，誰一人，スフィンクスのかけた謎が解けず，皆殺しにされており，ティーバィという国中が恐れおののいていたのである。

　そこに，若き勇者であるオイディプスがやってくる。オイディプスもスフィンクスから謎をかけられるが，彼はたやすく謎を解いてスフィンクスを退治し，ティーバィの国の王位につくというものである。

「オイディプス王」の物語は，このあと，悲劇的な結末へと向かっていくが，怪物・スフィンクスがかけた“ある謎”とは，〈朝には四本足で歩き，昼には二本足になり，夕は三本足になるものは何か〉というものであった。

筆者は，自分の講義の最後にこの問題を受講生に出すこともあるが，中学生か高校生の時にこの問題を聞いたことがあるらしく，わりあい多くの学生が答えを知っていた。筆者自身は，高校生の時に社会科担当の教師から聞いたのだが，非常に印象深く記憶に残っている。

では，〈朝には四本足で歩き，昼には二本足になり，夕は三本足になるもの〉とは，いったい何であろうか。その答えは，「人間」である。幼いころは，二本の手と二本の足をつかってハイハイし，成長してからは二本足で歩き始める。やがて，老年になると杖をついて歩くことを意味している。これほどに，人間の一生を簡潔に，しかも具体的に描写している問いは例がないであろう。

ところで，「人間」とは，英語ではヒューマン・ビーイング（human being）だが，生物学的には，〈ホモ・サピエンス〉という学名を持つものであることは周知のとおりである。このラテン語の〈ホモ・サピエンス〉を日本語的に訳せば，〈知性を持った人〉，すなわち，〈かしこい人〉である。人間が，その名の通り，かしこい人なのかどうかとなると，これもまた議論が尽きそうにない。

人間を論ずる際に，社会学・哲学的視点からは，アメリカの社会心理学者・哲学者・思想史家であるジョージ・ハーバート・ミードの哲学的考察を引き合いに出す例は多いが，彼にいわせれば，人間とはきわ立って社会的な生きものなのである。極めて社会的な存在である。自分という人間以外の他の複数の人間なしには生きていくことができない。人間を肉体的にも精神的にも人間たらしめているのは，自分自身ではなく，複数の〈他者〉とのかかわりにおいて可能になるとする考え方である。

そのように人間を捉えると，人間は誰もが一人では生きてはおらず，多くの人びととのかかわりの中で生き，愛し愛され，お互いに支え支えられ，さまざまな〈絆〉を築きながら生かされている存在であると考えることができる。人間は，社会から，そして人びと一人切り離されて生きていくことはできない存

在といってよいだろう。

　他に，人間には，ドイツの哲学者の造語である〈ホモ・ファーベル〉，ある
いは，〈ホモ・エコノミクス〉という定義づけもある。〈ホモ・ファーベル〉は，
訳せば〈つくる人〉であるし，〈ホモ・エコノミクス〉は〈経済人＝経済的合
理的にのみ行動する人〉という意味である。

　人間は，科学技術の発展によってうみ出された高度で多様な機能をもつ道具
をつくり，そしてこれらを利用することで自分自身の能力を著しく高めている。
また，このようなつくること，それらを利用することで，人間相互の結びつき
を広範囲に広げ，多様化し，緊密化し強化することによって社会全体の機能を
高めているのである。しかし，人間の意味を〈つくる人〉に求めるのは大きな
間違いで，残念ながら，そのことはどんな動物にもあてはまる。たいていの動
物は巣をつくるのだ，という研究者もいる（日高敏隆，1994年）。

　それでは，情報研究の視点から主張されている人間の姿というものは，いっ
たい，どのようなものであろうか。

　むろん，情報研究の視点といっても，論者によって異なるが，人間とは，情
報を創る「情報創造者」であるという考え方がある。あるいはまた，アメリカ
の建築家・グラフィックデザイナーとして知られるリチャード・ワーマンなど
は，人間はすべて自分自身を「情報処理装置」（インフォメーション・プロセッ
サー）としてみなさなければならないと主張している（リチャード・ワーマン，
松岡訳，1990年）。

　そしてさらに，このように説明できる人間は，後述するコミュニケーション
を通して，人間社会の存在を知り，世界の存在とあり方を理解する社会的な存
在であると考えることができるのである。

(2) 「生きる」という課題

　「人間」に対する定義づけの探索はひとまず終えて，では，人間に課せられ
た課題とは何だろうか。

　1900年代に人間学を論じたアルノルト・ゲーレンは，「人間の課題とは，ま

ず生きながらえることである」と論ずる。ゲーレンは，人間がそこにいるだけで，一つの課題が立ちあらわれ，生きて在ることが，そのまま自分の課題にも仕事にもなると述べている（アルノルト・ゲーレン，平野訳，1985年）。

　人間には，生まれた意味があり，生きる意味を持っている。私たちの人生には深い深い意味があるのであり，宇宙における天文学的数値の無作為による偶然の産物ではない。この世に二つと存在しない，かけがえのない男性，あるいは，女性なのである。

　筆者の研究室の白板に，一枚の「新聞」の切り抜きをいつも張り付けている。この記事の内容は，愛知県西尾市の市立中学校に新人英語教師として赴任した若い男性教師の話である。

　写真には，回転イスに座って黒板に向かい，チョークで英語のつづりを書き込んでいる男性教諭と，その授業を受けている生徒たちが写されている。しかし，男性教諭のチョークは，彼の手にはない。両方の手がないため，右足にしっかりとチョークが握られているのである。板書だけでは授業ができず，パソコンと連動する投影装置が教える彼の脇におかれている。

　彼は，4歳の時にダンプカーにはねられ，両腕を切断した。両親のはげましで足で食器を持って食べたり，泳いだりできるようになったが，「手なし人間」と小学校の頃にからかわれ，遊具に一緒に乗れなくて，親友から「遊んでも楽しくない」との一言も浴びせられている。

　大学に進学し，その後，公立校の教員採用試験を受験するが二度失敗する。私立校も軒並み不合格となる。しかし，三度目の公立校の教員採用試験を受験して見事合格し，新任教師として現役の教師生活を送っている。

　新聞記事には，次のようにしるされている。

　だからこそ，両手を使った陰惨な事件が起きるたび，「どうして？」と感じる。母校の高校での教育実習。最後の授業で「両手を開いてごらん」と切り出した。「みんなには両手がある。人を傷つけたり，不幸にしたりするためでなく，夢をかなえるために使ってほしい」。涙で思いのたけを

ぶちまけた。

　始まったばかりの教師生活。数々の奇跡を周囲ははやすが，生徒に伝え
たいのは一足飛びの“ミラクル”ではない。「小さくていいから目標を持
ち，コツコツと努力する。これが夢につながる」。経験のすべてをぶつけ
て，どれだけ夢の種をまけるか。自分にも，まだわからない。

（日本経済新聞，2009年3月22日付，朝刊，31面より）

　人間が，どのような状態であれ，「生きる」，「生き続ける」ということを，
自由意思を備えた生命存在としての人間の生命力をおしみなく，そして限りな
く，さらに精一杯に発揮することと考えるならば，一人ひとりの生き方は異な
るにせよ，その人の生き方は，何物にも代えがたい輝きをもった生命の表現で
あることには変わりはない。

　かくして，人間に課せられた課題とは，この地上を去るまで，どのような状
態，どのような境遇にあっても，精一杯に「生きる」ということ，それは，
「生き続けること」，「生きながらえること」であるといってよいであろう。

　最後に，小学校の代用教員などを勤めながら，活発な創作活動を続け，30歳
でその生涯を閉じた新美南吉の童話に，『手ぶくろを買いに』という作品があ
るので少し紹介しよう。

　この作品の主人公は，森の洞くつの中に住んでいる母狐と子狐である。冷た
い雪で赤くなった子狐の手をみて，母狐は，毛糸の手袋を買ってやろうとする
のである。

　ある夜，母狐が子狐の片手を人の手に変え，お金をにぎらせて，町へ送り出
す。ところが，子狐は，間違って人の手に変えていないもう一方の狐の手を出
して，町の帽子屋さんに「このお手々にちょうどいい手袋ください」といって
しまうが，町の帽子屋さんは，狐が手袋を買いに来たと気づきつつも，子狐に
手袋を与えるのである。

　そして，子狐の帰りを心配して待っていた母狐と再会して，次のような会話
がかわされる。

「母ちゃん，人間ってちっとも怖かないや。」

「どうして？」

「坊，間違えてほんとうのお手々出しちゃったの。でも帽子屋さん，掴まえやしなかったもの。ちゃんとこんないい暖かい手袋くれたもの。」

と言って手袋のはまった両手をパンパンやって見せました。お母さん狐は，「まあ！」とあきれましたが，「ほんとうに人間はいいものかしら，ほんとうに人間はいいものかしら。」とつぶやきました。

（新美南吉，1988年）

　この新美南吉の『手ぶくろを買いに』という童話は，この会話で終わるが，新美南吉は，人間とは「善なる存在であってほしい」という人間への思いを，母狐の言葉をかりて私たちに問いかけているようにもとれる作品である。

　人間というものの善と悪については，本書ではさけざるを得ないが，今もって，多くの人たちに愛されている名作といわれる作品である。もし，まだ手にしたことのない方は，是非，一度読んでいただきたい童話である。

　画家ポール・ゴーギャンが1897年に制作した絵の題名は，「我々はどこから来たのか　我々は何者か　我々はどこへ行くのか」（アメリカ・ボストン美術館所蔵）であったことはよく知られているが，この問題への思索は，人間が生き続けるかぎり続くであろう。

2　「生きる力」として何を考えるか

(1)　現代の社会の中の私たち

　第3章において，現代の社会というものを「高度情報社会」という呼称で呼ぶことの説明を行うが，ここでは，その前段階として，私たちが一般的に捉えている現代の社会というものについてふれておきたい。

　私たちが生きている現代の社会を一言で表現すれば，"複雑化・複合化する

社会"，そしてさらに，"グローバル化・ボーダレス化する社会"ともいえよう。"ボーダレス化"とは，明確な境界がない，境界線があいまいな，という意味であり，国境をこえて，物や人間が移動し世界が一体化しつつある現象とでも説明できるであろう。

　現代の社会における〈光〉の部分を取り上げれば，数多くの事柄を語ることができる。しかし，その半面，〈影〉の部分もまた多い社会である。貧困，犯罪行為の増加，多発している民族紛争（闘争），飢餓，人権侵害，あるいはまた，森林喪失，地球温暖化，砂漠化などの自然環境破壊，そして，天然資源・エネルギーの枯渇問題など，平和で豊かな社会であるかにみえる現代の社会は，実際は，一人ひとりの人間にとって，生きにくい社会ともなっているのである。

　精神分析学の研究者が次のようなことを述べている。

　　動物のつくる社会と人間のつくる社会とを同じにみることはできない。アリやハチの社会に典型的に見られるように，動物のつくる社会の形態は本能的に決まっており，したがって安定しているが，人間のつくる社会は不安定であって，不自然な法律でがんじがらめにしなければ維持できないし，つねに不満分子，違反者，脱落者をいっぱい抱えている。組織としては人間の社会は動物の社会よりはるかにおとっており，比較するのさえ動物に失礼である……などと言ってわたしは反論した。

　　　　　　　　（日高敏隆，1994年。著者の日高敏隆氏の見解に対して，

　　　　　　　　日高氏の著書の解説を行っている岸田秀氏の主張）

　ノートパソコン，携帯電話およびスマートフォンやタブレット（タブレット端末）など多彩な情報メディアを常に携帯し，インターネットを縦横無人に使いこなして歩く人間が，動物よりも進歩していて"えらく"，人間が形成している社会の方が動物社会より"発展"していると考えられるのかどうか，という問題は，筆者にとっては興味深いが，本書で展開する内容ではないことから，この問題はここまでとしたい。

　さて，人間は，先にも指摘したように，誰もが現代の社会に生きて，なお，生き続けなければならないという課題を背負っている。しかも，誰もが豊かで幸せに自分の人生を送れることを願っている。

　ロシアの文豪・トルストイは，みずからの著書『人生論』において次のように述べている。

　　生命とは，幸福になろうとする欲求である。幸福になろうとする欲求こそが，生命である。すべての人が生命をこのように理解してきたし，いまも理解しているし，これからもずっとこのように理解するであろう。したがって人間の生命とは，人間の幸福を得ようとする欲求であり，人間の幸福を得ようとする欲求が，人間の生命である。

　　　　　　　　　　　　　　　　　　　　　（トルストイ，西本訳，1966年）

　「幸福」とは，哲学的な一つの規定として，「意志がその目的に完全に到達して，そこに十分な満足を感ずること」とされているが，一般的には，「望みが満ち足りて不満のない状態」と考えられている。

　この「幸福」という言葉は，他の興味深いいくつかの言葉と比較しても，圧倒的に魅力を秘めた言葉である。実際の日常生活の中でいろいろな困難を乗りこえるために労苦し，新たなものに熱意を持って，その困難の壁を乗りこえようとチャレンジしていくのは，その果てに絶望と不名誉が待ち受けているからではない。やはり，満足感（充実感）や幸福感を得ることができる，あるいは幸福を勝ち得ることができるからである，と明言してもあながち大きな誤りとはいえないだろう。

　そして，この世で，なにも得ずに生存するだけではなく，「幸福」，「幸せに満ちた生涯」を希求してやまないのである。それは，原始的な狩猟技術を用いて生活資源として動物を捕獲していた狩猟中心の社会に生きていた人間であろうと，後述するように，多彩な情報メディアが普及して大量の情報が世界中を飛びかっている現代の社会の中で懸命に生きている人間であろうと，その基本

は変わらないと考えられるし，未来社会で生活を営むであろう人間もまた同様であるといえよう（村上，2005年）。

　一生，不幸で涙の生涯を送らなければならないとしたら，人間の人生とは，なんと悲しいものであろうか。多くの人間は，心から，豊かで喜びをもって生きたいと願っているはずである。

(2)　社会を生き抜く力としての「情報」

　さて，私たちは，社会において生きていこうとするには，「生きる力」を発揮することが必要であり，この生きる力を日々高め続けることが重要である。

　"むかしむかし，あるところに，おじいさんとおばあさんが住んでいました。おじいさんは山へしばかりに，おばあさんは川へ洗濯に行きました"ではじまる日本昔話の「ももたろう」は，日本人なら，何度となく聞く機会のある昔話である。

　「ももたろう」の昔話を学問的に分析すると，いろいろな説が存在するかもしれないことから，あくまでも一般的な解釈として知られているところを説明すると以下のようになろう。

　家族の一員として誕生した子どもは，家庭で可愛がられながら成長し，やがて未知の社会やこれまで出会ったことのない家族以外の人たちと出会い，さまざまな苦難や困難，そして，にがい経験や試練を繰り返しながら，社会の中で生活し自己の夢や目標に向かって進んでいくことになる。

　このことから，「ももたろう」の鬼ヶ島は子どもにとっての未知の社会，すなわち，現代の社会（鬼ヶ島＝社会）を，鬼ヶ島に住む鬼たちは家族以外の社会の人たち（鬼たち＝社会の人たち）を，そして，宝物は目標達成（宝物＝夢や目標の実現）を暗示すると考えられているようである。

　そして，ももたろうが鬼ヶ島へ向かう途中に家来にした〈犬〉，〈猿〉および〈キジ〉にもそれぞれ意味があり，〈犬〉は忠誠（忠実），〈猿〉は知恵，そして〈キジ〉は勇気を暗示するという。すなわち，人間が成長し，社会の中で生きて成功するために欠かせないものが忠誠（忠実），知恵，そして，勇気であ

ると教えるのが，この「ももたろう」の昔話であると伝えられている。

　それにしても，日本では，昔から，社会を“鬼ヶ島”に，社会の人びとを“鬼たち”にたとえていたというのは，なかなか興味深いことである。そういえば，かなり以前にあるテレビ局が放映している「渡る世間は鬼ばかり」という題名のテレビドラマ番組が人気となっていた時期があったが，私たちの社会には大勢の鬼がいるということであれば，私たちは，ますます「生きる力」を発揮し，常に高めていく必要性があるように思えるのである。

　デンマークの代表的な童話作家・詩人アンデルセンの童話の中に，「みにくいアヒルの子」や「人魚姫」ほどには知られていないが，「5つぶのえんどうまめ」という作品がある。

　夏になり，大きくなった5つぶのえんどうまめたちが，男の子のおもちゃの大砲から次々に発射され，それぞれのえんどうまめがべつべつの場所に着地する。その中で，最後に残ったえんどうまめが飛ばされて着地した場所は，一軒の古びた小さなやねうらべやの，窓の近くの小さな隙間であった。そこにはこけやわずかな土しかなく悪条件ではあったが，とにかく，ひと冬を過ごすこととなる。

　実は，この家には，日々，貧しい生活を送る母親と寝たきりの重い病気の娘が住んでいたのである。娘の病気はだんだんひどくなり，娘自身も生きる希望を失い，もはや死を覚悟している。

　ところがである。冬が過ぎ春になった時，窓の近くの小さな隙間に飛ばされたえんどうまめが芽を出し，少しずつ生長し始めていくのである。この様子をベットからみつけた娘は，毎日，少しずつ生長するえんどうまめをみているうちに，娘自身も生きる気力を取り戻していく。そして，ついには，えんどう豆にまっ白い花が咲くころには，生きることをあきらめ，死を待つほどひどい病気の娘がすっかり元気になってしまう，というストーリーである。

　この場合，えんどうまめの生長する姿，すなわち，「えんどうまめ」という存在は娘にとっての「生きる力」を高めたことはうたがい得ない。

　「生きる力」という言葉に対しては，一定の定義づけが存在しているかもし

れないが，人間にとって，自分の人生を「生きていこうとする生命力」，複雑な社会を「生き抜こうとする生命力」，このことを本章では，「生きる力」として考えてみたい。

　もう少し説明すれば，「生きる力」とは，根本的に，私たちが人間として存在する本源の力であり，"身体がうみ出す生命力"を意味する。したがって，人間には，もともと誰にでも備わっており，生命を有する動物や植物にも通ずるものである。しかし，人間の場合，他の動物や植物と違って，「生きる力」としては，身体的な力だけではなく，"精神的な力"というものも備わっている。人間にのみ与えられた心，魂，ないしは精神というものの存在を否定することはできない。

　もちろん，身体的な力と精神的な力とを分離して，それぞれ別個の力として考えることはできない。

　私たちの日常的な言葉の使い方としては，「体力（身体力）」のほかに，「気力」，「精神力」などという表現であらわしていることからも理解できるように，その表現方法に違いはあるとしても，人間は身体的な生命力と精神的な力との両方を持ち，しかも，この二つの力は分離不可能なものとして考えることができるのである。

　そして，現代の社会で生活している多くの人間は，このような「生きる力」がしだいに低下してきているのではないか，という懸念を数多くの人たちが訴えている。

　そこで，このように考える「生きる力」を高める要因，つまり，先ほど紹介したアンデルセンの童話の「5つぶのえんどうまめ」のような存在として，「情報」を位置づけ，検討してみることにしたいと考えている。すなわち，「現代の社会を生きていく上で，人間の力を発揮し，高める情報について考えてみる」という意味である。

　自然界には嵐がある。しかし，人間の長い人生においても，大きな嵐に遭遇する時がある。人間が自然界の嵐の中だけでなく，人生の大きな嵐の中をも幸いなうちに生き抜くには〈力〉を必要とする。

　私たちが，ひどい苦しみや悲しみに遭遇した時，生きる力，この世を幸せに生きていこうとする人間のうちに持っている力が弱まり，ゆううつになったり，しぼんでしまったり，そして，ひどい場合には，うつ病などの精神的・肉体的な病気を発症してしまうこともある。このような時に，私たちは，「生きる力」の喪失感を味わうことになる。

　特に，自分の思いや計画どおりに物事が進まず，突然，想定外の事態におそわれやすい現代では，いわゆる，過剰な「ストレス」を受けることも多い。

　情報というものは，人間の弱まった生きる力を回復し，まっすぐに生きる力を強め，自分だけの大切な人生の「物語」を生きていくために，極めて大きな役割を担う存在なのである。

第2章

「情報とは」という問い

「じゃ，さよなら」と，王子さまはいいました。
「さよなら」と，キツネがいいました。「さっきの秘密を
いおうかね。なに，なんでもないことだよ。心で見なく
ちゃ，ものごとはよく見えないってことさ。かんじんな
ことは，目に見えないんだよ」
「かんじんなことは，目に見えない」と，王子さまは，
忘れないようにくりかえしました。
*(サン＝テグジュペリ『星の王子さま』より)*4*

1　「情報」について考える

(1)　「情報」とは

　私たちの日々の生活の中で，「情報」という言葉は，あまりにも頻繁に用い
られる用語の一つであり，語りつくされた言葉といってもよいかもしれない。
情報というのは，これまで，「とみ」（ウエルス），「財産」（プロパティー），ない
しは，社会的な「力」（パワー）などと同義語として解釈されることが多いが，
このような説明は，情報の意味や価値を大げさに表現したものでもなければ，
拡大した解釈でもない。人間にとって，そしてまた，社会全体における情報の
持つ意味，その役割や影響をかなり的確に表現しているといえるだろう。
　本書では，本章以降，複雑な社会をしっかりと「生き抜こうとする力」を高

める情報とはいかなるものなのかについて，少しずつ述べていくことにしたい。

　今日では，一人ひとりの人間を取り巻いている情報の種類は多彩であり，情報の量もはかり知れないほどであることは，あえて強調するまでもないであろう。それは，あたかも，シャワーのように，日々容赦なく降り注ぎ，"情報の森"をつくっているのである。

　私たちが，通常用いている「情報」とは，"ある事柄についての知らせ"のことと考えて，おおむね間違いはないであろう。

　　　Ａ婦人：Ｂさん，うちのタマ（子猫の名前）を知りませんか？
　　　Ｂ婦人：ああ，タマちゃんならＣさんのミケ（子猫の名前）といっしょでしたよ。
　　　Ａ婦人：それで，ミケちゃんと何をしてましたか？
　　　Ｂ婦人：近くの小学校の塀の上をなかよく散歩していたみたいですよ。
　　　Ａ婦人：安心しました。
　　　　　　　有益な"情報"をありがとうございました。
　　　Ｂ婦人：どういたしまして。
　　　　　　　タマちゃんとミケちゃんは，仲がよいですね。

　以上の会話の中で，Ａ婦人が述べた有益な"情報"とは，子猫の"タマちゃんの所在および行動"についてである。すなわち，Ａ婦人はＢ婦人から，タマちゃんの所在および行動についての"知らせ"を受け取ったのである。

　さて，学問的には，「情報」に関する明確な一定の定義づけや解釈は存在していないように思う。つまり，10人の専門家がいれば，10種類の「情報」の定義が存在するのである。しかし，そのことは決して不思議なことではなく，たとえば，「経済システム」や「社会システム」といった用語も，厳密には，研究者によって，その定義づけが異なっている。

　かくして，「情報」という言葉の説明も，それほど簡単なことではないが，それでは，これ以降の展開ができないので，知れるところをいくつか挙げてい

くことにしたい。

　まず，日本語の「情報」という言葉についてであるが，もともと，「情」という漢字には物事の様子や情況という意味があり，このような意味の使い方は，江戸時代からのものという（松岡，1997年）。そして，「報」のほうは，その「情」の様子を報知すること，すなわち，告げ知らせることを意味する。

　ご存じの方も多いことと思うが，日本における「情報」という言葉の起こりとしては，明治時代の文学者として著名な森鷗外が，ドイツ語の"ナーハリヒト（Nachricht）"の訳に，「情報」という言葉を用いた（1903年）ことから，日本で最初に「情報」という言葉を公に用いたのは鷗外である，とも伝えられている。森鷗外は，その後，小説の中で，日常用語として情報を用いている。このように，日本語の「情報」という言葉は，日本での造語なのである。

　余談であるが，「情報」という言葉が，日本で軍事活動で使われ始めた時には，スパイ活動や諜報活動との結びつきを強め，現代のように，よい印象を持つ言葉ではなくなった時期があり，まことに残念であった。

　現在，英語とドイツ語のスペルは，同じく「information」である。

　英語でいう「インフォメーション」の〈イン（in）〉は，"〜の中に（の，で，），〜の内に，〜の状態で（の）"という接頭語であり，〈フォーメーション（formation）〉のほうは，"構成（物），形成（物），組成（物），構造"という名詞である。

　厳密には，英語でいう「インフォメーション」の明確な成立過程はあると考えられるが，英語でいう「インフォメーション」の原義が，ラテン語の"形を与える"，"形にする"という〈インフォルマール（Informare）〉という言葉に由来することを考えれば，〈イン〉＋〈フォーメーション〉の意味内容を関連づけて考えると興味深い。

　かくして，人間の日々の情報にかかわる行動は，バラバラの事柄，形のあいまいなもの，目に見えないものを，人間に理解できるような，何らかの形にしていく作業であり，そこに新しい発見の喜びと感動をみい出していくものといえるのである。

　中国語では，〈信息〉，〈消息〉と書く。いずれも，日本語の〈息〉の漢字が

使われているが，〈息〉は人間が生きる上で絶対必要な呼吸のことであること
から，中国語の表記のほうが，人間にとっての必要性や大切さをより表現して
いるようにも感じられる。

　ちなみに，コンピュータのほうは，中国語で〈計算机〉，〈電脳〉と書く。日
本では，以前，コンピュータを「電子計算機」と訳していたが，それに比べる
と，中国でコンピュータを"電子の脳"，あるいは，"電気の脳"ととれる表現
をしていることから，情報にしろ，コンピュータにしろ，日本語よりも中国語
のほうがより深い表現方法，ものの深部をみごとに捉えているように思えてな
らない。

　さて，情報研究では，情報＝ネゲントロピーという考え方が有力な捉え方と
して認められている。すなわち，情報は，〈ネゲントロピー（negentropy）〉で
あるという捉え方であるが，ネゲントロピー（負エントロピー）は，一種の秩序
を意味する用語である。やはり，オーストリアの理論物理学者で，情報研究の
分野・領域でも有名なエルヴィン・シュレーディンガーは，生物が自分の身体
を常に一定のかなり高い水準の秩序状態に維持している仕掛けの本質は，実は，
生命体を取り巻く環境から秩序というものを絶えず吸い取ることにあると説明
している（エルヴィン・シュレーディンガー，岡・目鎮訳，1975年）。

　ときどき，日常的にも耳にする〈エントロピー〉という概念は，情報研究や
システム研究でも，情報やシステムを説明する上でよく用いられる性質の一つ
であるが，〈エントロピー〉という用語は，ドイツの理論物理学者ルドルフ・
クラウジウスが最初に用いた用語である。〈エントロピー〉の〈エン〉はエネ
ルギーの接頭語，そして，〈トロピ〉はギリシャ語の"転化"，"変化"を意味
し，本来的には熱力学で用いられている。

　周知のごとく，熱力学第二法則は，孤立系のエントロピーは増大するという
〈エントロピー増大の法則〉である。正エントロピー（エントロピーの増大）は，
物質とエネルギーは一つの方向のみに，すなわち，使用可能なものから使用不
可能なものへ，また利用可能なものから利用不可能なものへ，あるいは，秩序
化されたものから無秩序化されたものへと変化することを意味する。したがっ

て，負エントロピーはその逆を意味する。

　生命体（＝生命システム）は秩序というものを絶えず吸い取る，あるいは，「負エントロピーを食べて生きている」とするシュレーディンガーの言葉を借用すれば，人間というのは，流動的で不連続・不確実な環境から，情報を持続的に吸い取る，あるいは，情報を食べて生きている者ということになる。

　以上のことを踏まえて，ここでは，「情報」を「ある事柄（内容）についての知らせ」をさす用語としておきたい。このような情報は，人間に，何らかの〈意味〉をもたらすものである。

　私たちが生きている社会や経済活動がグローバル化，ボーダレス化，そして後述する社会情報化の急激な進展によって，その姿を急速に変化させつつある現代では，すべての人間が情報の中に生き，情報とともに生きなければならないという印象をますます強く与えている。私たちの日々の生活は，なんらかの情報がなければ一瞬たりとも成り立たないことは，誰もが経験していることである。

　そして，情報は，私たち人間の「生きる力」を高める存在でもある。情報によって，人間の生きる力は発揮されたり，強められて，たとえ，苦難の嵐の中にあっても，それを乗りこえる時の「助け」ともなるのである。

(2) 〈情報研究〉という学問について

　さて，「学問」とは何か，と問われれば，一般的には，「体系化された知識である」と答えるであろう。あるいは，「知的真理の探究」こそが学問であるという答えが返ってくるかもしれない。

　〈経済学〉や〈社会学〉といった長い歴史を有する学問は，ゆるぎない理論の体系化が行われている。厳密な意味でいえば，一つの学問分野が〈学〉と称されるためには，他の学問領域とは独立した研究分野・領域が確立されていなければならない。

　「情報」が学問の対象となったのは，1940年代以降であり，〈情報学〉という名称の学問分野が広く知られるようになったのが20世紀後半になってからであ

る。したがって，〈経済学〉や〈社会学〉という学問が大学生とすれば，〈情報学〉という学問は幼稚園児という感があるほど，〈学〉としては，わりと近年にいたってから急速に展開し確立されていった極めて学際性の高い学問と考えることができるだろう。

　むろん，〈情報学〉の内容は，情報研究者によって，これまで多面的，多角的に論じられているが，その分野・領域が統一されているとはいいがたく，今世紀での活発な議論に期待がかかっているといえるのである。

　最近では，〈情報学〉，〈社会情報学〉，〈情報システム学〉，あるいは，〈地域情報学〉という書名を持つ書籍も刊行されているが，〈情報学〉を定義づければ，「情報に関するあらゆる学問領域をカバーする学問」（小野欽司，2002年），すなわち，情報に関する総合研究ということになる。

　第1図は，〈情報学〉の概念図である。具体的には，ソフトウェア，情報メディア，ハードウェア，知能と情報とのかかわり，人間・社会と情報とのかかわり，情報倫理や情報セキュリティ，学術研究と情報とのかかわりなど，かな

第1図　〈情報学〉の木

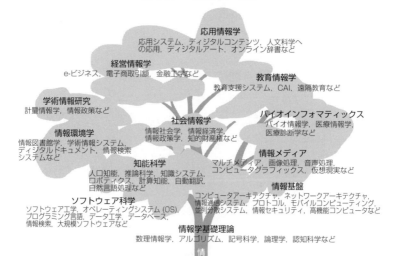

応用情報学
応用システム，ディジタルコンテンツ，人文科学への応用，ディジタルアート，オンライン辞書など

経営情報学
e-ビジネス，電子商取引論，金融工学など

教育情報学
教育支援システム，CAI，遠隔教育など

学術情報研究
計量情報学，情報政策など

社会情報学
情報社会学，情報経済学，情報政策学，知的財産権など

バイオインフォマティックス
バイオ情報学，医療情報学，医療診断学など

情報環境学
情報図書館学，学術情報システム，ディジタルドキュメント，情報検索システムなど

情報メディア
マルチメディア，画像処理，音声処理，コンピュータグラフィックス，仮想現実など

知能科学
人口知能，推論科学，知識システム，ロボティクス，計算知能，自動翻訳，自然言語処理など

ソフトウェア科学
ソフトウェア工学，オペレーティングシステム(OS)，プログラミング言語，データ工学，データベース，情報検索，大規模ソフトウェアなど

情報基盤
コンピュータアーキテクチャ，ネットワークアーキテクチャ，情報通信システム，プロトコル，モバイルコンピューティング，並列分散システム，情報セキュリティ，高機能コンピュータなど

情報学基礎理論
数理情報学，アルゴリズム，記号科学，論理学，認知科学など

情報学

り広範囲な分野・領域から構成されている。

　したがって，本書においても，〈情報学〉という場合は，情報に関する総合研究を意味し，〈社会情報学〉という場合は，社会情報に関する総合研究を意味すると理解いただきたい。

　なお，かなり余談であるが，現代のように，後述する情報通信技術（ICT）を含む科学技術が進歩し，日々，学問が展開されているにもかかわらず，人間には理解不可能な事柄が何と多いことであろうかと考える。

　あまりに低レベルの内容で笑われそうであるが，筆者は，毎年夏になると，なぜ，身の回りに「蚊」という昆虫が存在するのか，と考えこんでしまう。「蚊」という昆虫の存在目的を説明できる方がいるだろうか。「ゴキブリ」という昆虫についても同様である。「蚊」の誕生のプロセスやその生態は調べられても，その存在目的となると，人間にはどんなに科学技術が進歩し，学問が展開されても真の存在目的は解明できないように思うのである。

　むしろ，この地上の世界には理解不可能であり，解明が極めて困難な事柄があるからこそ，人間の学問や技術は発展していくと考えるほうが妥当なのかもしれないのである。

2　情報の区分および諸特性

(1)　「情報」を区分してみると

「情報」を類別化して分析してみたり，あるいは情報を区分して理解する試みが，情報研究の多くの研究者によって行われている。

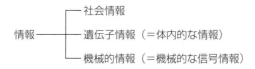

　本来であれば，かなり詳細に区分して考えてみるのも有効であるが，あまり細部に区分すると，かえって理解しがたいこともある。そこで，ここでは，大

きく、「社会情報」、「遺伝子情報」および「機械的情報」という三つの区分で考えてみることにしたい。

① 社会情報

本書の主題としている情報である。

そもそも「情報」は、唯一、情報だけで浮遊（ふゆう）している存在ではなく、人間や社会の営みのあらゆる場面に深く結びつき、人間が営む社会のすみずみまでいきわたっている。

社会情報とは、人間の社会の営みに登場する情報、すなわち、社会を形成する基本的要素である一人ひとりの個人、あるいは、組織が創（つく）り出し、処理・蓄積し、発信する形で利活用するものである。

人間の手によってつくられた情報の具体的な形態、すなわち、表現形態は多種多様である。たとえば、文字としての形をとる文字情報、人間から発せられる言葉としての形をとる言語情報、絵画という形での絵画情報、動画という形での動画情報などがその代表的な情報の表現形態である。

下記の図は、心理学関係の資料に登場したり、美術の教科書に登場したりする図形で、どこかで目にしたことのある方も多いことと思う。

第2図は、一般的に"多義図形"と呼ばれている図形の例である。第3図も、多義図形の一例だが、"アヒル・ウサギ図"とか、"ウサギ・アヒル図"ともいわれている。この図を最初にみた時、アヒルにみえる方とウサギにみえる方がいるが、アヒルにみえる方にとっては、この絵が、なぜウサギにみえるかが理解できず、ウサギにみえる方にとっては、この絵が、なぜアヒルにみえるかが理解できないために、双方で説明する羽目になってしまう。

しかし、これらの図は、いずれも情報研究の視点からいえば、点（ドット）の集合体であるという説明ができる。単純な点（ドット）を上手に構成することによって、人間を惑（まど）わしたり、感動させたり、驚かす技を持っているのも人間であり、とりわけ、現代では人間の手によって表現された情報の不思議さに圧倒されることが多いように思う。

第2図　この絵は何？

A   B

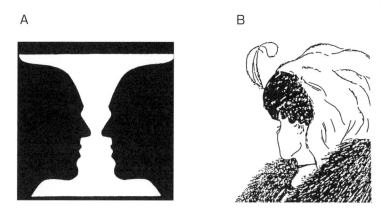

第3図　やはり，この絵は何に見える？

②　遺伝子情報

　遺伝子情報は，主に生命科学で扱われるが，生命体が有している体内的情報と表現してもよい。

　生命体としての人間は，遺伝子情報によって形づくられた情報複合体という考え方もある。

　人間は，およそ60兆個の細胞からできており，親から受け継いだ遺伝子情報は，それぞれの細胞の核の中にある染色体と呼ぶ組織に収められている。染色体の実体は，デオキシリボ核酸（DNA）で，人間の場合，全長2メートルにも

及ぶという。このDNAは，アデニン（A），チミン（T），グアニン（G），シトニン（C）と呼ばれる4種類の化学物質（塩基）が30億個つながった構造をしているという。

　生物のこれらの遺伝子情報の総体，すなわち，全遺伝情報を〈ゲノム〉と呼んでいる。人間の場合ならば，〈ヒトゲノム〉である。その中には，ヒトとしての体をつくりあげ，それを働かせるために必要な情報のすべてが入っている。

　最近では，遺伝子的な視点からすれば，人間の設計図である〈ヒトゲノム〉の解読がほぼ完了している。それにより知り得たこととして，当初は，10万個あると予想されていた人間の遺伝子は，当初よりかなり少なく，約3万個であること，免疫や神経に関する遺伝子が多いこと，微生物と共通する遺伝子が約200個存在していること，そしてまた，地球上のさまざまな民族は99.9パーセントの共通の遺伝子を持ち，わずか0.1パーセントの違いが，髪や目の色などの属性を決めていることも明らかとなっている。

　このようなヒトゲノム解読によって，たとえば，製薬企業が治療効果の高い新薬開発を開始したり，情報関連企業が新分野を開拓しはじめるなど，さまざまな分野・領域に大きな影響を与えつつある。

③　機械的情報

　機械的情報も，人間の手によってつくられた情報ではあるが，社会情報とは異なって，機械と機械との間を流れる機械的な信号情報のことを意味する。

　機械的情報は，まず第一に，テレビや電話など情報メディアで扱うアナログ情報，すなわち，電圧の大きさや物の長さの変化など連続的な量の変化（＝連続値）で表現できる情報である。そして，第二に，コンピュータで扱うデジタル情報，すなわち，すべて〈0〉と〈1〉との離散値で表現する情報がある。

　現代では，一つの情報メディアで文字情報はむろんのこと，音声および画像・映像といった異質な形態の情報を統合し，一元的に取り扱えるようになった。このことを可能にしたのが情報のデジタル化（情報の数値化）技術である。文字，音声および画像・映像などあらゆる形態の情報を，すべて〈0〉と〈1〉とのデジタル情報に変換することによって，一括処理および一括伝送の高速化

が可能となっている。

(2) 社会情報のいろいろな特性

　現代のように，膨大な量の情報が多彩な情報メディアを通じ流れている社会では，情報は，もはや"空気のような"存在と同様に認識されがちだが，上述のごとく，社会を流れている情報は自然の空気とは異なって，人間によってうみ出されたものがほとんどである。

　先に，情報について三つに区分して考えてみたが，ここではその中で，「社会情報」について，そのさまざまな特性を紹介してみたい。

① 社会情報の使用価値の相対性・個別性

　明日の天気についての情報は，明日，旅行や釣りに行こうと考えている人間にとっては重要な価値を持つが，外出予定のない受験生にとってはそれほど価値がない。すなわち，ある情報に関心を持つ情報の受け手には高い価値を持つが，無関心な受け手には無価値であるのみか，場合によっては，不快なノイズ（騒音）となる場合もある。

　また，同じ情報でも，私たちが同じ物事に関して，人生を明るくするプラスの情報と捉える場合もあれば，不快を感ずるマイナスの情報と捉える場合がある。

　筆者は，私たちが，ある情報をマイナスの情報と捉えた場合を〈情報のマイナス化〉，逆に，プラスの情報と捉えた場合を〈情報のプラス化〉として規定している。

② 社会情報の非消滅性（不滅性）

　一般的に，物質（モノ）やエネルギーは，使用すれば使用するほど無くなり，その価値も消滅してしまう。しかし，情報のほうは，他人にゆずりわたしたり，複製や複写（コピー）をすることによって，情報をどんなに使用しても，オリジナルな情報を失うことはない。しかも，場合によっては，オリジナルな情報と複製や複写（コピー）した情報とが，ほぼ同じ価値を有する場合すらあり得るのである。

③ 社会情報の複製および複写の容易性

　現代では，情報通信技術（ICT）の発達によって，情報のほとんどを，簡単に，しかも安価な料金（場合によっては無料）で複製したり，複写（コピー）することが可能となっている。

　とはいっても，何でも複製したり，複写（コピー）してもよいというわけではない。日本の場合は，紙幣，通貨，政府発行の有価証券，国債証券および地方債証券，また，外国において流通している紙幣，通貨および証券類などは，それを使用しなくても，コピーしただけで処罰の対象となっている。

④ 社会情報の拡散性

　情報は，情報メディアの利活用によって，国籍を問わず，瞬時に，しかもその情報が人間の興味や関心をひく事柄であればあるほど広まっていく，いわゆる，「拡散」という特性を持っている。ちょうど，それは粉薬の入ったビンめがけて咳をしたようなものである。

　それゆえに，情報は，時には情報の発信者の意図や考えにかかわりなく，多くの人たちや社会全体に，容赦なく拡散する可能性をもっている。

⑤ 社会情報の陳腐性（寿命性）

　通常の生活においては，いくら価値の高い情報でも，いくつかの例外を除いて，時間の経過とともにその価値が減少していくことがほとんどである。すなわち，“泡のような”，あるいは，“シャボン玉のような”と形容されるごとく，極めて命の短い情報がたくさんある。時間の経過とともに，情報が多くの人たちの間に広く行きわたり，周知の事実となってしまうことから，情報はどんどん陳腐化していくことになる。

　人間は，この地上での生涯にいつか終りを告げるが，情報にもまた寿命というものが存在し，人間の寿命と比較すれば，はるかに短命であるといってよいであろう。

⑥ 社会情報の不可逆性

　状態Aの事柄を状態Bへ移し，またBの状態を何らかの過程で再びAの状態に戻した時，同じく以前の状態（A）に帰るならば，AからBへの変化は“可

逆的"であるといい，そうでなければ"不可逆的"という。たとえば，液体の
水（A）を気体の水蒸気（B）に，そして，再び水蒸気（B）を水（A）に完全
に戻すことができる。この場合の変化は，明らかに"可逆的"である。

　情報は，一度，明らかになってしまう（＝公開される）と，再びそれを戻す
（＝再び隠す）ことができないことがほとんどである。それは，ホームページ
（ウェブページ）上に公開した情報を，その後，何らかの事情で削除しても，
公開された情報自体は，蓄積されたり，広く社会に流れている可能性が高いこ
とを考えれば容易に理解できよう。

3　私たちを取り巻くシステム

　日本語でいう「システム」という用語は，ラテン語の"宇宙"（コスモス）を
意味する言葉である。この反対語は，無秩序性，混乱および混沌という意味の
カオスである。

　ここで，「システム」を考えるといえば，何か唐突（とうとつ）のような感じを受けるか
もしれないが，実は情報研究と深いかかわりを持つのが「システム理論」とい
う学問領域である。

　とりわけ，次章の「情報システム」に関する理論的研究を深めようとすれば，
「システム理論」という学問領域を無視して展開することはできない。すなわ
ち，情報システムとは何か，どのような機能を果たすものなのかなどの理論的
研究において，その基礎的思想を形成している一つに，システム理論の思想，
着想，考え方および特性などが深くかかわっているからである。

　ただし，システム理論という理論の展開に関しては，筆者の以前の著作を参
照（村上，1995年および村上，2005年）していただくとして，ここでは，簡潔に，
私たちを取り巻く「システム」について考えてみたい。

　システム理論という学問では，すべての対象を「システム」として把握する，
すなわち，システムというレンズを通して，あるいは，システムという網（あみ）を投
げかけることによって，いろいろな現象を認識しようとする。

もともと,「システム」という用語が一般的に大衆化した大きな要因は, ア
メリカによるコンピュータの開発, 普及および利活用にあったといわれている
が, 現代においては,「システム」という用語が私たちの生活の中ですっかり
定着している。誰もが, 好むと好まざるとにかかわらず, さまざまなシステム
とかかわり, さまざまなシステムに組み込まれた存在であることを認識させら
れる。考えてみると, 複雑に頭を悩ますまでもなく, 私たちの社会において,
一人ひとりの人間は, 非常に多様で, 幾重にも重なる重層的なシステムに取り
巻かれて生活しているのである。
　「一般システム理論」の創始者であるフォン・ベルタランフィは, 著書の中
で次のように述べている。

　　もし現代流行の概念やうたい文句を分析したとすれば,「システム」と
　いう語はその一覧表の上位にくることだろう。この概念は, 科学のあらゆ
　る分野に広まり, ポピュラーな思考, 用語, マスメディアにも侵入した。
　システム的な思考は企業や軍備から純粋科学の深奥な原理まで, 広い領域
　において主要な役割を果たしている。そのための出版物や会議やシンポジ
　ウムや講義は数えきれない。

　　　　　　　　　　　　　　　　（フォン・ベルタランフィ, 長野・太田訳, 1973年）

　大きいシステムとしては, 国家, 大企業および大都市などがあり, 動植物は
実際に手でふれることのできるごく身近なシステムの例である。むろん, これ
らのシステムは, 情報と密接な関係を持って成り立っている。
　人間もまた生きているシステムであり, 社会は社会システムとして, 地域社
会は地域社会システムとして, そして, 宇宙は宇宙システムとして捉えること
になる。このようなシステムが認められるところには, 必ず情報の流れが発見
されるのである。システムと情報とはお互いに緊密な関係にあり, 情報の本当
の姿を知るためにはシステムの存在を抜きに語ることはできないというのが,
情報システムの研究者やシステム理論研究者の一般的な考え方である。

　筆者は，子どもたちが好んで引きたがる〈ねこふんじゃった〉という曲の初めの音さえ出せず，ピアノの鍵盤（けんばん）をみた時に，どこが〈ド〉を出す鍵盤なのかもわからないが，ある時，ピアノの構造を教えてもらう機会があった。

　普通の家庭におかれているアップライトピアノに張られている弦（げん）の数は全部で約230本あり，その張力は１本約90キログラムになるという。したがって，全体の弦の張力は，なんと20トン以上におよぶ。

　そして，フェルトを巻いた特殊なハンマーで，張られた弦をたたくことによって弦振動をおこさせ，音を出す仕組みになっている。鍵盤をたたくピアノ奏者の指の動きを，このハンマーの運動にかえる機構を「アクション」という。〈ド〉という一つの音を出す１鍵のアクションは，60をこえる精密な部品からできている。キャブスタンボタン，ウィペン，ジャック，ダンパースプーン，ダンパーレバー，ダンパーおよびジャックテイルなど精密な部品が，複雑で，しかも見事なまでに連携して，それぞれがきちんと，その役割を果たしているのである。

　ピアノは，全部で88鍵あることから，それだけでも部品の数は約5,500個にのぼることになる。このアクションの模型を実際に目にしたが，一つの音が出るまでの複雑に部品が連携し，完成されたその動きを見ていると，まさしくシステムの実体を見る思いがしたのである。

4　「情報処理」という視点で考えてみる

(1)　情報処理系としての身体機能のこと

　「情報処理」という言葉のイメージは，データを処理する一つの部分的作業と同じように捉えがちであるが，実は，一連の人間行動はすべて情報処理過程として認識されている。

　「情報処理概論」という講座を設置している大学も多いが，そこでは，情報とは何か，から始まり，コンピュータの基本的な原理，情報セキュリティ，ないしは，情報倫理などを含めて講義を行っている大学もある。別に，「コン

ピュータ概論」や「情報処理システム論」といった講義名を用いている大学もあるが，講義内容はおおむね同じであり，情報や情報メディアに関するかなりの領域を内容として含んでいる。

　そこで，あえて，「情報処理」を考えるということは，すなわち，情報と情報メディア全体の検討をすることになりかねないが，ここでは，最初に，人間を情報処理系（＝情報処理システム）として捉えた場合を考え，次に，私たちが情報を処理する楽しさと難しさについて簡単に触れてみることにしたい。

　まず，第4図は，私たち人間を情報処理系（＝情報処理システム）として捉えて，その機能的な説明を行っている簡単な図である。

　私たち人間には，私たちを取り巻いている外部環境（外界）が存在しているが，目，耳，鼻および皮膚などの感覚器によって外界の情報を受容し，脳（中枢）において，外界から受容した情報をさまざまに判断している。さらに，その結果に基づいて，行動のプログラムが決定され，口，顔，手および足などの効果器を通じて，具体的に外界へ働きかけるという一連の行動をとっているのであり，この一連の行動を人間の身体による情報処理と呼ぶことができる（福田，1995年）。

第4図　人間の情報処理系のモデル

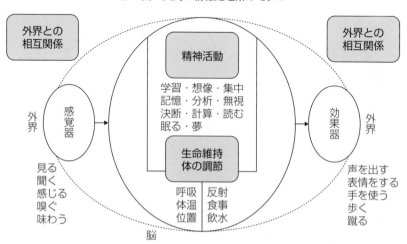

　そして，さらに，このような人間の情報処理過程を神経という側面から説明
したのが第5図である。

第5図　人間の脳・神経系の概略図

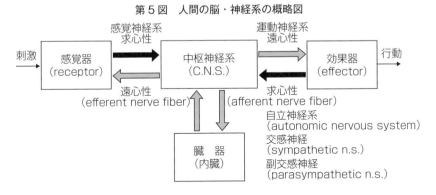

　通常，わたしたち人間の感覚の種類は，視覚，聴覚，触覚，嗅覚および味覚
の5つである。いわゆる，「五感」に分類されるといわれることが多いが，厳
密には正確ではないという。つまり，私たちの体内（身体内部）には，自己の
状態を反映する感覚の種類があるというのである。たとえば，平衡感覚や内臓
感覚などがそれであり，これらを含めると感覚の種類は「五感」よりも多いの
である。

　そして，私たちを取り巻く外界からのさまざまな刺激，それは，たとえば，
光刺激，音刺激，物理刺激および化学刺激などを情報として受容して，末梢部
にあたる感覚器で神経信号に変換され，感覚神経を通じて大脳中枢入力部へと
伝送される。これを，専門的には"求心性神経系"という。

　大脳中枢では，送られてきた情報を分析・統合して，記憶などによって判断
し，外界の対象を把握する。さらに，大脳中枢入力部は，その結果に基づいて，
筋肉系を制御する出力信号を送り出し，これが，具体的に外界に働きかける人
間の行動となるのである。なお，筋肉を制御する神経系というのは，専門的に
は"遠心性神経系"といわれている（福田，1995年）。

　むろん，私たちは，日々の生活において，絶えず，身体が情報処理を行って
いるという感覚を意識しているわけではないし，その重要性を感じながら毎日

を過ごすこともない。しかし，アメリカの極めて著名な心理学者ウィリアム・ジェームズによれば，子どもは感覚器官になんらかの印象が生ずるまでは，脳は深い眠りにおちいっており，意識は事実上存在しない。この熟睡をやぶるには感覚器官からの強い音信が必要である。この音信は，新たに生まれた脳の中にまったく純粋の感覚を引き起こすという（ウィリアム・ジェームズ，今田訳，1992年）。

　このジェームズの指摘どおりだとすれば，私たちが人間としてあゆむその第一歩において，私たち自身が持つ感覚器官が，極めて重要な役割をはたしていることになるのである。

　いずれにしても，人間が行う情報処理に関して，部分的には，現代のコンピュータのほうがはるかにすぐれているが，総合的には，人間の脳にかなうコンピュータは存在しない。コンピュータにとっては極めて困難な情報処理を人間の脳はたやすく行うだけの能力を有しているが，人工知能（Artificial Intelligence；AI）の急速な進歩によって，今後，その技術水準がますます向上すれば，これまでは人間にしかできなかった知的な行為の一部も，人工知能（AI）に代替される可能性があると考えられている。人工知能は，チェスや将棋の世界でのトップクラスの人たちと対戦して勝利していたが，2016年3月には，囲碁コンピュータ・プログラム「アルファ碁（AlphaGO）」が囲碁におけるトップ棋士の一人と勝負して勝利し，世界に大きな衝撃を与えたことを記憶にとどめている方もおられるだろう。

(2) 「情報」を処理する力の必要性とは

　人間にかぎらず，「生きているもの」は，その誕生からいのちを終える時まで，絶えず，情報とかかわり，多様で大量の情報を処理しながら，さまざまな営みを繰り返している。

　先に，「生きる力」とは，自分の人生を「生きていこうとする生命力」，複雑な社会を「生き抜こうとする生命力」と説明したが，「生きる」という実際的な視点から「情報処理」を考えると，それは単純に，右から左へと情報をその

まま移動させることとは，まったく違っているのである。

　情報を処理する力の"有無"や"高低"によって，その結果は大きく異なり，時には，その力がいのちのあり様に大きな影響を与えることになるのは明白である。すなわち，生きているものの大切ないのちを守り，健全な状態を維持し，発展させるために必要不可欠な力が情報を処理する力といえる。たとえば，大きな災害などが起きた時には正確な情報の収集・入手，そして的確な判断に基づく迅速で適切な避難行動が求められることからも容易に理解できるように，情報を処理する力の必要性は明らかなのである。

　ここでは，さらに，人間の情報を処理するすぐれた力，それは課題発見能力や課題解決能力，あるいはまた，イメージ力や創造的・発展的思考力を意味するが，これらの力を「考える力」と言葉を変えてもよいだろう。「生きる力」は，人間として存在する根源の力であり，この根源の力の中に「考える力」も含まれる。「生きる力」が身体全体とすれば，「考える力」はその身体の大切な部分を占めている。

　したがって，人間が「考える力」の存在に目覚め発揮することは，すなわち，誰もが持っている「生きる力」を発揮し，高めることに通じるのである。

　さて，この項では，筆者が大学の講義の中で，あるいはまた，研修会や講習会などで実際に紹介したり，講義内容を補足説明するために用いているさまざまな問題の中から，チャレンジしていただきたい4つの問題を選んで提示することにした。ここに提示した4つの問題への取り組みを通じて，人間一人ひとりが持っているみずからの「考える力」を発揮していただきたいのである。

　そのことはまた，誰もが持っている才能豊かな「力」の存在を再認識し，情報のセンスをますます磨くことにもなると確信している。

　さて，最初の問題は，かなり昔から聞く機会があり，また，いろいろな本でも紹介されている内容である。問題そのものの内容自体はほとんど変えていないが，表現については筆者のアレンジによるものである。問題のテーマは，〈100円はどこへいった？〉としている。

〈100円はどこへいった？〉

これは，かなり昔の奇妙な出来事である。

三人の学生が旅行をして，ある古びた旅館に着いたのである。旅館の入り口で宿泊代を交渉した結果，一人につき1,000円，三人で合計3,000円ということになった。

学生たちが部屋に入ると，さっそくこの旅館で長年働いているお手伝いさんがあらわれ，"宿泊代をお願いします"という。そこで，三人はそれぞれ1,000円ずつ，三人で合計3,000円を手渡したのである。

このお手伝いさんは，学生から手渡された宿泊代を持って，宿の主人のところへ行ったところ，この宿屋の主人は，"学生さんだから，おまけしてあげましょうね"といい，500円をお手伝いさんにわたして，"学生さんに返してあげなさい"という。何と，心やさしい主人なのでしょうか。

ところがである。

このお手伝いさんときたら，"三人でちょうど割り切れない500円を返したら，けんかになるかもしれない"と勝手な理由を考えて，200円を自分の財布に入れ，残りの300円を学生にみせたのち，ニコニコ顔で学生に一人につき100円ずつを返したという。

さて，これまでの話の流れを整理すると，学生一人ひとりは，はじめ1,000円を支払い，あとで100円を返してもらったので，結局，一人あたり900円を支払ったことになる。これを合計すると2,700円である。

これに，お手伝いさんが自分の財布に入れた200円を足して合計すると，なんと2,900円にしかならないではないか。

確か，最初は，3,000円あったはずなのに，どうして2,900円にしかならないのだろうか。

さて，100円はどこへ行ってしまったのでしょうか。この難問をどのように解決しただろうか。この難問を解くことは，「考える力」を発揮することである。この問題を解くヒントは"「部分」"にばかりとらわれると，「全体」の本当

の姿をみうしなってしまう”ということにある。

　第2番目の問題のテーマは，〈あなたが警察官なら，どうしますか？〉というもので，筆者が考えたまったくの創作問題である。

〈あなたが警察官なら，どうしますか？〉

　太陽が沈みかけようとしている時，ある刑事が，偶然にコンビニの前を歩いている「A男」を発見した。

　この「A男」は，二日前に，喫茶店で刃物による強盗事件をおこして，喫茶店の経営者に傷をおわせている。昨日も，帰宅帰りの2人の男性サラリーマンに刃物をふるい，2人の財布を盗んで逃亡していたのだった。

　刑事は，すぐに1人で「A男」の追跡にかかった。「A男」のほうも，それと気づいて，刑事の追跡を逃れようと足を速めている。ところが，人どおりのまったくない，ある橋の真ん中に来たとき，刑事の近所に住むB夫人が，あやまって足をすべらせて川におち，今にもおぼれようとしている姿を発見した。残念なことに，B夫人はまったく泳げないことを刑事も知っていたのである。

　ここで，「A男」を逃せば，今度は凶悪な犯罪をおかして，殺人に発展するかもしれない。かといって，B夫人が今にもおぼれそうなのをみすごすわけにもいかない。

　もし，あなたが刑事だったら，このような状況にある時，どのような行動をとるだろうか。“刑事という立場”から，その行動と理由を簡単に考えてほしいのである。

（注意：ただし，刑事は，おぼれようとしているB夫人を発見した時，その場から連絡すべき携帯電話などの情報メディアをまったく所持していないという，普通ではあり得ない，おまけつきの設定もしている。）

　第3番目と第4番目の問題は，やはり筆者が大学の学部や大学院の経営情報関連の講義の中で，実際に履修者にレポート課題として用いているものである。第3番目の問題は，筆者が出張会議のおり，休憩時間にコーヒーを飲んでいた

時にひらめいた問題で，最後の問題も，筆者のまったくの創作問題である。

〈あなたがコーヒー専門店の経営者なら，どう考えますか〉

コーヒー（オランダ語：Koffie，英語：coffee，日本語：珈琲）は，コーヒー豆（コーヒーノキの種子）を焙煎してひいた粉末から抽出した飲料で，世界各地で愛飲されている嗜好飲料であり，仕事の合間や食事の後に，必ずといってよいほどコーヒーを口にするコーヒー好きの方も多くみうけられる。

コーヒーは，かつて，日本には江戸時代から長崎を通じて貿易品として輸入されていたが，〈嗜好品〉ではなく，〈薬〉としての効果が期待されていたといわれている。

さて，私たちがいつも飲んでいるコーヒーの「色」は，ほとんど同一といってよいであろう。それは，原材料や加工段階での技術的な要因などが影響しているからかもしれないが，チョコレートにも，白い色をした"ホワイトチョコレート"があるように，仮に，コーヒーの「色」も変えることが可能であり，風味（味わいなど），香りやおいしさも，私たちがいつも飲んでいるコーヒーとほぼ同じだと仮定しよう。

そこで，上記の仮定が実現できるという前提のもとで，もし，あなたが，日本でも有名なコーヒー専門店の経営者としたら，現在の「色」以外のコーヒーを売り出そうと思うかどうかを考えてほしいのである。

まず最初に，①売り出すか，それとも，売り出さないか，どちらかの立場を必ず決めたうえで，②その理由について，明確に説明すること。

また，①の売り出すと回答した場合には，③"売り出し方（例えば，季節限定とか）"などを簡潔に提案してほしい。

《売り出す場合の4つの条件》

(1) 開発した商品にはネーミング（＝商品名）をつけること。

(2) 多くのお客様（＝消費者，顧客）が喜んで購入し，お客様を「幸せな気持ち」にする商品であること。また，購入したお客様が，友人・知人など他の人にも購入を進めたくなるような商品であること。

(3)　開発する費用（＝開発コスト）をあまり必要とせず，商品の販売価格もできるだけ安くして，沢山のお客様に購入していただける商品であること。

(4)　商品の開発には，非常に特殊な技術や高度な技術を必要とせず，今日，私たちが目にする一般的な技術で開発できる商品であること。

〈あなたがラーメン店の経営者なら，どんなアイディアを出しますか？〉

　あなたは，ラーメン店の経営者（創業者であり，店主）である。あなたは，このほど，念願だったラーメン店をひとりでオープンした。

　しかし，あなたは，"人通りの多い街中"ではなく，"まわりに誰もいない野原"にお店をオープンした。いろいろな事情から，やむなく，このような場所に出店せざるを得なかったのであるが，オープンした以上，どんなことがあっても，自分の大切なお店をつぶすわけにはいかない。

　そこで，あなたが，"まわりに誰もいない野原"で，自分のラーメン店を繁盛させ，大きくするためには，何を（どんなことを）しなければならないか，あなたの創造的な思考，斬新なアイディアで，この難題を解決する回答を提案してほしい。

　私たちの日々の生活の中では，簡単に解決できる問題もあるが，時には，どうしようもなく，解決困難な問題も発生する。そのような時こそ，私たち自身の「考える力」が問われる時であることは，いうまでもないだろう。

第3章

高度情報社会と発展する情報メディア

　　いまの子どもたちだって未来人，宇宙人です。冒険とロマン，宇宙
　の神秘と謎，－追求すればするほど，ますます夢は彼方へとふくらむ
　のです。
　　IF－もしも，ぼくが，わたしが，宇宙からの眼差しを持ったなら，
　想像の力は光速を超えて，何万何千光年のはるかな星々にまで瞬時に
　到達できるでしょう。
　　その想像の力こそ，人類ゆえの最高に輝かしいエネルギーなのです。
　　　　　(手塚治虫『ガラスの地球を救え－二十一世紀の君たちへ－』より)＊5

1　現代の社会をどのように呼称するのか
　－情報研究の視点から－

⑴　現代の社会を理解するキーワード

　最初に，以前，ある講演で筆者の知人が演壇に立ったのだが，その時の講演
内容の一部を紹介しよう。

　むろん，知人の講演内容そのものではなく，筆者の記憶にある内容であり，
かなりアレンジしているので，オリジナルではない。講演に立った知人の話の
内容も，もしかしたら，沢山の資料に基づいて構成している可能性もあるので，
もともとの創案者が存在するのかもしれないが，その場合はご容赦願いたい。
ここでは，あくまでも，筆者の知人の話として紹介したい。

アメリカの家に住み，

　　中国の料理を食べ，

　　　　日本人の女性を妻にする。

　これは，わりと日本の年配者の間では有名な“世界一ぜいたくな（豪華な）生活”の様子である。現代にいたっては，この内容が大幅に充実（？）して項目が増えている。さて，それは，どのような内容だろうか。

　次の空白には，すべて，一つずつの〔国名〕が入るので，考えてみていただきたい。

　　　〔　　①　　〕の給料で，

　　　　〔　　②　　〕の料理を食べ，

　　　　　〔　　③　　〕の家に住み，

　　　　　　妻にするなら〔　　④　　〕人女性，

　　　　　　着る服は〔　　⑤　　〕製，

　　　〔　　⑥　　〕の車に乗って，

　　〔　　⑦　　〕でバカンスを楽しむ。

　さて，どのような国名が入っただろうか。

　この問題は，一見，遊び感覚のクイズだが，よく考えてみると，現代の社会というより，むしろ現在の世界への見識を問う問題といってよい。該当する7つの国名は，現在の世界の生活，環境，経済および技術など高い水準を保持していると考えられる国である。むろん，何の根拠もなく，厳密でもないことは承知の上である。特に，④の問題は，女性差別でも何でもない。むしろ，女性への親しみを込めたクイズのたぐいとしてご容赦願いたい。多くの異論はあるだろうが，かといって，まったく無分別というわけでもなさそうである。

　そこで，筆者は，学生の見識を教えてもらう意図から，参考までに学生に聞くことがあるが，知人が教えてくれた回答をそのまま答える学生は50人中1人くらいである。参考までに，知人の教えてくれた回答は，①＝アメリカ，②＝

中国，③＝イギリス，④＝日本，⑤＝イタリア，⑥＝ドイツ，そして，⑦＝フランスである。

　ただし，以上のような生活を現実的に希望するかどうかは，別の問題である。本当の"ぜいたくな（豪華な）生活"は一人ひとり，それぞれ異なっており，そのほうが人間としても健全であると考えられる。

　さて，後述するように，私たちの現代の社会を別名で呼称する場合がある。"呼称"とは，通常，"物事に付される名前，または，あるものをその名前で呼ぶこと"を意味している。

　この呼称は，ある時代の社会の特質や特性を強くあらわしている状況，あるいはまた，社会形成の基礎基盤をなしている状況からつけられることが多い。たとえば，〈高齢化社会〉や〈自動車社会〉といった呼称をよく耳にすると思うが，〈高齢化社会〉という場合は，全体の人口比で高齢者（65歳以上の男女）が相対的に多く，いろいろな点で高齢者による社会全体への影響力が大きいという社会的な状況をさして呼称された用語である。また，同じように，〈自動車社会〉といった呼称については，国民の自動車の所有台数が多くなり，いろいろな点で自動車に関連する現象が増加し，自動車の所有者による社会全体への影響が大きいという社会的な状況からつけられた用語である。

　本書では，現代の社会を〈高度情報社会〉という名称で呼称しているが，ここでは，最初に，私たちの社会に対する呼称を，その時代の社会的技術を考えつつ簡潔に考えてみることにしたい。

　第6図は，かなり以前に公表された資料であるが，私たちの社会の発展過程を知る上では，何ら支障がなく，多くの書籍において，この図が土台となっていることから，筆者も引用させていただいた（経済企画庁国民生活局編，1983年）。

　まず，最初の社会の段階として位置づけられるのが〈狩猟社会〉と称される社会の姿である。

　狩猟社会を社会として成り立たせている技術としては，石斧，槍，発火術および言語などがあげられよう。石斧は，人間にとっての最初の道具といわれ，これにより，弓矢や槍をつくって動物を捕獲する生活を中心とした社会が〈狩

43

猟社会〉である。石斧，弓矢ないし槍などは，テレビや図鑑などから，あるいは，博物館などで発掘された現物をみることができるが，人間の知恵と工夫のあとをうかがうことができる。このような原初的な道具に加え，言語の獲得によって，集団生活を営む〈狩猟社会〉が成立したと考えられる。

第6図　社会の発展過程

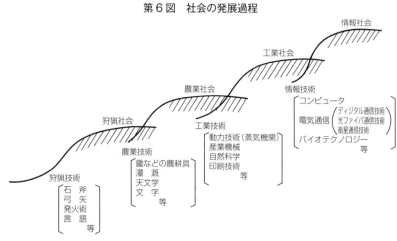

（注）　社会的技術とは，人類社会を根本的に変革してしまうような革新的な技術群をいう。

　次の段階が〈農業社会〉である。狩猟社会が長く続いた後，農業技術が出現した。土地をたがやす鋤や鍬などの農耕具，技術や情報を伝える文字，そして灌漑（かんがい）技術や天文学が発達して，これまでの動物の捕獲から穀物の栽培へと生産活動が拡大し，人間は，常時，いろいろな食料を確保することが可能となった。このことにより，大集団での定住が可能となり，いたるところで村落が形成され，農業文明という最初の文明がおこる基礎が確立されることとなる。

　そして，その次の段階が〈工業社会〉と称される社会の姿である。農業社会から工業社会への移行を実現した技術といえば，「産業革命」の象徴的存在である蒸気機関などに代表される動力機関の発明である。

　産業革命によってそれまで行われていた手工業生産の方式から機械生産への代替が起こり，製造業形態が工場制手工業（マニュファクチュア）から工場内で

機械を用いて大量に生産する工場制機械工業へと移行した。このことにより，新たな産業の発展，資源やエネルギーの大量消費，賃金労働者の出現，家庭における生産と消費の分離および政治体制の変化など，狩猟社会や農業社会とは大きく異なる社会が形成されていったのである。

そしてさらに，第6図では，最終段階の社会として〈情報社会〉がおかれているが，この点については，次の項目で述べることとしたい。

(2)　〈高度情報社会〉と称する現代の社会

第6図では，社会発展の最終段階に〈情報社会〉が位置づけられているが，本来的に，〈情報社会〉，または〈情報化社会〉論は，1960年代に，最初に日本で着想され発展した議論である。ところが，筆者の知るかぎり，〈情報化社会〉論が盛んに論じられていた当時においても，〈情報化社会〉とは何か，といった事柄についての明確な定義や概念が曖昧であったように思う。

いずれにしろ，〈情報化社会〉という呼称は，具体的な社会情報化の進展とあいまって社会に広く受け入れられ，確実に市民権を得たと考えられる。それだけ，情報化社会の到来という言葉には，一種の不思議さとともに，〈狩猟社会〉，〈農業社会〉，そして〈工業社会〉とは全く異なる新たな世界の形成を予感させる未知なるものを感じたのである。

〈情報化社会〉という呼称が登場してから，数十年を経過して，社会情報化は猛烈な勢いで進展し，〈情報化社会〉という呼称をさらに一歩進めた呼称が登場している。筆者の記憶にあるものを挙げると，〈高度映像情報化社会〉，〈重層情報社会〉，〈高度情報通信社会〉，〈マルチメディア社会〉，〈情報ネットワーク社会〉，〈ネットワーク社会〉，ないしは，〈サイバースペース社会〉などがある。いずれも，公的な機関や個人の研究者が提唱した呼称であるが，最近では，〈IT社会〉，〈ユビキタスネット社会〉，〈ユビキタス情報社会〉，〈高度情報社会〉および〈インターネット社会〉という呼称に落ち着いているようである。

「ユビキタス」とは，日本語で「偏在」と訳される。すなわち，「神はいつで

もどこにでも存在する」という意味の宗教的なラテン語に由来する英語である。情報研究におけるユビキタスコンピューティングという言葉は，私たちの情報環境の中に多くのコンピュータを組み込むことで，いつでも，どこでも，誰でもが意識しないで，状況に応じた最適な情報の利活用ができる情報システム，という意味で使われている用語である（坂村，2006年）。

　我が国では，2000年の春頃から，テレビ，新聞紙面，あるいは雑誌などのマスメディアから，《IT（情報技術）革命》という文字を目にする機会が増えたことは記憶にある方も多いだろう。一般的に，ひと言で表現すれば，「革命」とは急激な変革であり，物事のある状態から他のそれへの急激な変化や変動を意味する言葉である。《IT革命》という言葉が登場したころは，産業革命に匹敵するか，あるいはそれをはるかにこえるものとして《IT革命》が世界的にも大きな関心の的となったのである。

　当初，〈IT（インフォメーション・テクノロジー）〉という用語が登場したころは，これを“アイティー”と読まずに，“イット”と読んだとする笑い話を紹介した専門書もあったほどに，新しい用語のように考えがちだが，インフォメーション・テクノロジー（Information Technology）という英語の単語は，1980年代に広く使われた用語である。むろん，今日，頻繁に用いられている〈IT〉という用語は，当初，用いられた意味をはるかにこえた内容や意味をもって使用されている。

　また，最近では，〈IT〉という用語ではなく，〈ICT（インフォメーション・アンド・コミュニケーション・テクノロジー／Information and Communication Technology：情報通信技術）〉という用語の方が用いられる割合が多いようである。

　さて，現代の社会に対する呼称をいろいろと挙げてみたが，筆者は〈高度情報社会〉という呼称を用いたい。とりわけ，確固とした大きな理由づけはないが，筆者のこれまでの著作では，一貫して，〈高度情報社会〉という呼称を用いてきており，現実のイメージと合致しているように思えるからである。

　〈高度情報社会〉では，まずもって，情報の価値の必要性と重要性に対する認識が広く行きわたった社会であり，多種多彩な各種の情報メディアが私たち

の社会のすみずみまで奥深く浸透し，さらに，各種の情報メディアの利活用によって，多彩な形態での情報を大量に，かつ時間と空間をこえて瞬時に交換・共有されたり，広く提供される社会，と筆者は考えている。

　このような〈高度情報社会〉という現代の社会の姿を少しでも理解してもらいたいと思い，筆者自身が考えたオリジナルな内容を簡単に文章化して，大学の講義の中で用いているので，ここで紹介しょう。

　　K氏は，ある会社に勤務する有能なビジネスマンであった。

　　K氏の有能ぶりは，彼が勤務する会社内にとどまらず，他の多くの会社にも知れわたり，高額な賃金でK氏を引き抜こうと狙っている会社も1社や2社ではなかった。

　　彼の上司も，彼の能力を高く評価し，つぎつぎとむずかしい仕事をまかせる。それも，帰宅時間がせまっているという時間でも，容赦なく書類を持ってきては，"明日の朝までに，この書類を完成させてくれ！"という。こういう場合，普通であれば落ち込んだりするが，彼は，いやな顔一つせず，いつも，"わかりました"と明るく返事をし，上司の命令どおり，朝一番に完成した書類を持ってくるのである。

　　とはいっても，帰宅後に，夜，仕事をするわけではない。"夜は寝るもの"というのが彼の口癖で，睡眠時間をたっぷりとる。これが，彼のいつもの生活パターンである。

　　なお，K氏には1人の信頼できる古い友人がいる。友人もまた，"夜は寝るもの"というのが生活信条で，睡眠時間は，K氏をはるかに上回るほどであった。

　　では，一体，K氏はどんな手段（方法）で，困難な仕事を完成させているのだろうか。

さて，上記のトリック（？）の答えがわかっただろうか。

回答の中で，最も多いのが，"K氏の家に，スーパーロボットがいる"とい

うものである。続いて，"夜は早く寝るが，朝早く起きて仕事をかたづける"，"K氏は結婚していて，K氏が寝ているうちに有能な奥さんが仕事を完成させる"という回答も多いが，いずれも不正解である。

　正解を端的にいえば，"時差を利用して，アメリカに住んでいる古い友人に仕事をお願いしている"である。

　日本とアメリカのニューヨークとの時差は，14時間，サンフランシスコとロサンゼルスではともに17時間，ハワイであれば19時間の時差がある。かりに，K氏の古い友人がニューヨークに住んでいたとしよう。日本にいるK氏は，古い友人が会社に出社する時間をみはからって，夜寝る前に自分に与えられた仕事をパソコンの電子メールで送信する。そして，ニューヨークに住んでいる古い友人が仕事を完成させて，日本のK氏のパソコンに返信しておく。K氏が，朝出社して，返信された仕事内容を自分のパソコンからプリントアウトして上司に提出する，というものである。

　むろん，これは，あくまでも筆者が考えた架空の内容であるが，実際の企業においても，これと類似した仕事のやり方が行われている。仕事の内容に制約はあるものの，今後は，ますます，このような場所と時間をこえた仕事の形態が増加するのではないかと予想している。

　なお，〈高度情報社会〉という表現は，あくまで，現状をイメージした表現の域を出るものではないが，将来的には，新しい呼称に取ってかわられるであろうことは，容易に推測されるところである。私たちの社会が発展する以上，呼称の変化は，むしろ歓迎されるべきことであろう。

2　現代の情報メディアについての基礎的な理解

(1)　情報メディアに関する若干の史的考察

　情報メディアを歴史的な側面から考えれば，人間が用いた最初の情報メディアは，なんといっても自分自身の「身体」そのものであった。

　人間自身が行う手振りや身振り，あるいは大声といった音声によって，情報

を伝えたのである。

　やがて，情報メディアが人間の身体そのものから相対的に分離して形づくられ，身体機能のかわりを果たす「道具」ないし「装置」が開発されて今日にいたっているが，未来においても，人間の身体という情報メディアが消滅することはあり得ない。人間の生命があるかぎりである。

　その後，人間は話言葉，つまり〈言語〉を獲得する。言語は，人間を相互に関係づける大きな役割をもち，人間の社会を成立させる基礎を持つものである。その意味で，言語の持つ社会形成への貢献度は特筆に値しよう。

　この言語の起源はあまりにも長すぎる歴史を背負っているが，これに続くものとして考えられるのが，〈文字〉の発明であり，〈印刷技術〉の発明である。

　世界を劇的に変えた「世界の三大発明」といえば，〈火薬〉，〈羅針盤〉，そして〈印刷技術〉である。この世界の三大発明のうち，〈印刷技術〉が情報メディアを考える上で革新的とも称し得るほど大きな意義を有し，極めて貢献度の高い発明であったことは説明を要しないだろう。

　古代エジプトの象形文字や神聖文字（ヒエログリフ），バビロニアの楔型文字およびエジプトの絵画文字など，文字の発明は情報の伝達と蓄積（貯蔵）との双方において画期的であり，石版，粘土板，竹簡，パピルスおよび羊皮紙（パーチメント）といった，いわゆる，文字を残すための「乗り物」に乗せられて，記録され，安定的に保存されることとなった。大声や話言葉は，短時間で消滅する性質のものであることから，当然，時間的な制約はあったが，文字というものの発明は，この点を大きく解消したのである。

　しかし，いろいろな文字が発明され，文字を残す物質（記憶媒体）が開発されても，長い間，情報の記録の形式は筆写にとどまり，識字率は低く，情報は特定の一部の人たちに独占されていた。その多くの記録は筆写にとどまり，筆写のための多大な努力が要求されたのである。

　情報の量的な限界が原理的に撤廃され，文字情報の大量複製を可能としたのは，何といっても，印刷技術の発明によってである。

　印刷技術の発明者として名声を得ているのは，ドイツ人のグーテンベルク

（本名はヨハン・ゲンスフライシュ）である。

　グーテンベルクは，1397年頃の生まれで，彼の生家は，当時のマインツという都市で金細工を職業とする代々続いた家柄の資産家であり，豊かな収入があったといわれている。しかし，ある資料によると，グーテンベルクは，私たちが一般的に持っている天才のイメージとはかなり異なっている。彼は，生まれつき奔放な性格で，喧嘩をしたり裁判沙汰を起こしたり，また，借金を重ねたりで，とかくの問題児であったという。そして，最後には，印刷機械もろとも工場をとられてしまい，マインツ郊外の僧院に身を寄せるあわれな人となったようである（仲本，1993年）。

　いずれにしても，印刷技術の発明と普及が社会に与えた影響は計り知れない。印刷技術は情報の受信者に向けて，大量かつ迅速に均等・均質的な文字情報を，安い価格で提供することとなったのである。そして，この印刷技術によって最初に印刷されたのが，周知のごとく，有名な「四二行聖書」（第7図右側参照）であり，これがマルティン・ルターやジャン・カルヴァンの宗教改革の土台となったことも事実といえよう。

第7図　印刷技術の発明

当時の印刷工場　　　　　　　　　　　グーテンベルク四二行聖書

　なお，現存するグーテンベルク四二行聖書は，これまで世界で48冊が確認されているが，日本にもその一冊が日本国内の大学に保管されている。

　情報メディアに関する史的な考察を深めることは，いろいろな興味と関心を抱かせるが，紙幅の関係上，グーテンベルクの印刷技術の完成以降については，その年代と簡単な内容のみにとどめたい。

情報メディア発展の主な概要（1450年～2001年）

1450年	グーテンベルクによる印刷技術の完成（ドイツ）
1455年	最初の活字本としての「四二行聖書」の出版（ドイツ）
1825年	シリングによる電流と磁針の関係を利用した電信機の発明（ドイツ）
1835年	モールスによる「モールス電信機」の発明（アメリカ）
1835年	ダゲールによる写真現像法の完成（フランス）
1876年	グラハム・ベルによる電話の特許獲得（アメリカ）
1877年	トーマス・エジソンによる「蓄音機」（フォノグラフ）の発明（アメリカ）
1878年	トーマス・エジソンによる白熱電球の発明（アメリカ）
1887年	ヘルツによる電磁波の発見（ドイツ）
1888年	イーストマン・フィルム社からボックス型カメラ「ザ・コダック」発売（アメリカ）
1891年	ストロージャーによる自動電話交換方式の考案（アメリカ）
1895年	リュミエール兄弟による映画の発明（フランス）
1895年	ベルリナーによる円盤レコードの開発（ドイツ）
1901年	マルコーニが大西洋を横断する無線送信に成功（アメリカ）
1916年	ド・フォレストによる初のラジオ放送局の設立（アメリカ）
1926年	高柳健次郎がブラウン管にカタカナの「イ」の字を映し出す（日本）
1928年	GM社がニューヨークでテレビの実験放送開始（アメリカ）
1946年	世界初のコンピュータ「エニヤック」の完成（アメリカ）
1953年	日本でテレビ放送開始（日本）
1955年	日本のソニー社がトランジスタ・ラジオを発売（日本）
1958年	テキサス・インスツルメント社によるIC回路の開発（アメリカ）
1960年代末	「インターネット」の元祖ともいうべき軍事研究用ネットワーク「アーパネット」がアメリカ国防総省によって開発・運用（アメリカ）
1968年	アラン・ケイによる「ダイナブック」構想（アメリカ）
1974年	アップル社の設立（アメリカ）
1975年～76年	ベータマックス式，VHS式ビデオの発売（日本）
1979年	日本のソニー社による「ウォークマン」発売（日本）
1981年	IBM社がパーソナル・コンピュータを発売（アメリカ）

1983年	任天堂によるファミリー・コンピュータの発売（日本）
1984年	アップル社による「マッキントッシュ」の発売（アメリカ）
1985年	NTTドコモにより世界で初めての携帯電話「ショルダーホン」（車外兼用型自動車電話）が完成（日本）
1987年	日本のNHKが衛星放送を開始（日本）
1990年	アメリカの「アーパネット」が解散し，全米科学財団が運用する組織が引き継いで，今日のようにインターネットの利用が拡大する（アメリカ）
1991年	NTTドコモの第二世代携帯電話「ムーバ」の登場（日本）
1993年	アメリカのクリントン政権が「情報ハイウェイ構想」を提示（アメリカ）
1995年	インターネットが世界的規模で爆発的に発展し，「インターネット元年」と呼ばれる（世界）
1996年	日本でデジタル通信衛星サービスの開始（日本）
1999年	NTTドコモが「iモード」サービスを開始（日本）
2000年	日本で「IT革命」が起きる（日本）
2001年	NTTドコモによる「フォーマ」サービスの提供開始（日本）

（本表は，吉見俊哉・水越伸，1997年を基に筆者が追加・編集・加工）

(2) 習慣化した情報メディアの利活用

　やや大きな視点でみれば，現代のように，多彩な情報メディアが登場していない以前，情報の入手・収集や伝達は，個人の旅行者，特に交易に従事していた旅商人がその役割を果たしていた。この点で，すぐに思いつくのは，中国からローマを結んだシルクロードであり，その交易路を行き来していたラクダを使った隊商たちである。旅商人は物資の交易も行ったが，情報の交易者でもあったのである。

　このことに着目するなら，日本では『東方見聞録』で知られるマルコ・ポーロは，世界的に，最も大きな影響を与えた旅行者の一人といってよいであろう。マルコ・ポーロは，今から750年ほどさかのぼる1254年にイタリアのベネチアという大都市の商業貴族の家に誕生している。1295年から始まったピサとジェノヴァ共和国との間の戦いで，戦いの始まりから数年後に捕虜となり，その時，獄中で，物語作家ルスティケロに書き取らせたのが，『東方見聞録』として広く知られている彼の旅行記である。

　マルコ・ポーロは，世界的な情報の伝達者であり，彼のもたらした情報が世

界に与えた影響の大きさは計り知れない。情報の持つ大きく，かつ魅力的な力を世界の人たちに知らしめたという意味では，情報研究の視点からも興味深い人物である。おそらく，現代においても，情報関連会社や機関といった組織によってではなく，一個人として，これほど情報の持つ力を実際に証明した人物は存在しないといってよいであろう。

　マルコ・ポーロは，中国という当時の極東（きょくとう）まで足を運んでいるが，そこで手に入れた財宝をベネチアに持ち帰るために，すべてをルビー，サファイア，ダイヤモンドおよびエメラルドにかえ，粗末（そまつ）な毛織りの衣服の縫（ぬ）い目や継ぎ目に巧妙に縫いこんだという。財宝の運び具は粗末な三着の衣服であったが，情報のほうはノートと記憶として残した。

　持ち帰った財宝は，マルコ・ポーロに巨万の富をもたらし，情報は当時のヨーロッパ人に「新世界」への夢を与えたのである（仲本，1993年）。

　さて，今日では，私たちの職場や家庭だけでも数多くの情報メディアがおかれ，必要に応じて，あるいは，24時間，休息を知らない便利な働きものとして大いに活躍し，今日では無くてはならない必需品の位置をしっかりと占めているのである。

　最近では，同じ情報メディアでも，その機能やデザインも豊富で種類も増え，いつの間にか，自分の身の回りには機能やデザインの違う情報メディアがたくさんおかれているという状況になりつつある。私たちは，日常的に，これらの情報メディアは使うことが当たり前となり，いわゆる，日常的な習慣となっている。筆者は，このような状況を「情報メディアの習慣化」と呼んでいる。

　情報研究の視点からみれば，情報メディアを用い，情報にかかわる人間の日常行動は，ことごとく"情報行動"と説明することもできるのである。

　第1章で，情報研究の視点から，人間を「情報創造者」と規定したが，情報メディアは，自分が創造する情報の質を高め，自分が暮らしている社会への理解度を深めさせてくれるものでもある。

　その利活用が習慣化した情報メディアの中でも，テレビ，パソコンおよび携帯電話やスマートフォンという情報メディアは，ほぼ家具と同じく必需品と同

じような感覚をおぼえる。現代の日本では，正確な統計的数字を確認するまでもなく，私たちの身の回りをみて判断するかぎり，テレビとパソコンはそれぞれ一家に一台以上，携帯電話やスマートフォンのほうは一人一台は所有している。これまでは走行している電車やバスなどに設置していたテレビでは映像が乱れ視聴できなかったが，地上デジタルテレビ放送が開始したことにより鮮明な映像を視聴することが可能となっている。今や最も身近な友人に値する存在が，これらの情報メディアといっても，決して過言ではないだろう。

　上記に挙げたいずれの情報メディアも，必要に応じて情報を瞬時に入手・収集したり，検索，発信するために用いられるが，その中でも，近年にいたって，特筆に値するのが，パソコン，そして持ち運びが容易で，いつでもどこでも使用可能な携帯電話およびスマートフォンやタブレットの存在である。

　かなり古い出来事で恐縮であるが，2008年に，アメリカのアップル社の「アイフォーン（iPhone）」が日本に上陸し，同年7月にはこの携帯電話を求めて大行列ができ，あたかもお祭り騒ぎのような様相を呈した。最近でも，新しい機種が発売されるたびに，店頭に行列ができるが，この時の大行列はテレビにも映しだされ，多くの方の記憶に残っていることと思う。「アイフォーン」にはボタンがほとんどなくシンプルなデザインだが，液晶画面に組み込まれた"タッチセンサー"を使い，指先で触れて操作するという，これまでにない斬新な操作方法を行い，豊かな機能が搭載されている。まさに，情報通信技術（ICT）の最先端をかいまみる思いであった。

　ここで，あらためて強調するまでもなく，今日，社会に広く普及している多彩な情報メディアは，誰もが，時間と空間をこえて自由自在に，世界の莫大な《知》の宝庫へアクセスし，また，地球上のいたるところに住んでいる国籍や人種の異なった複数の人たちと平等な立場（＝対等の立場）で，自由で，かつ瞬時の情報のやり取りを可能としている。

　このように考えると，これまでは社会情報化と国際化とは異領域として検討の対象とされてきていたが，社会情報化の進展とは，すなわち，国際化の進展といってもよいだろう。世界全体はますます狭いものとなり，〈即時的な世界〉，

54

あるいはまた，〈凝縮化された世界〉とでも表現し得るような世界が出現している。全世界は，あたかも，一つの〈地球村〉という村であるかのように感じられる時代が到来しているのである。

　私たちが手軽に利活用している多彩な情報メディアは，有益な情報や創造された情報を，いわゆる，"硬い卵の殻に閉じ込めておく"ことなく，適時適所に情報を発信し，広く共有化ならしめるという役割を有している。個人，集団および組織なりが入手・収集した情報，あるいは，創造された情報が何らかの形で封鎖されたり－ある時は，そのほうが望ましい場合もあるが－，瞬時に発散して消滅したとしたら，高いコストを費やし努力をしたとしても，その情報の持つ価値は無に帰してしまう。

　このような点でも，多彩な情報メディアは，情報を無価値なものとせず，必要に応じて情報の価値を高める可能性を有しているのである。これらは，一人ひとりの生活スタイルの姿，人間相互間のコミュニケーションのあり方および未来社会の形成など，あらゆる局面において大きな変化をもたらし，その果たす役割は際立っているといってもよいであろう。

　現在のように，広くインターネットが普及しておらず，まだその名前すらあまり知られていなかった当時は，これまでの常識を打ち破る，まさに魔法のような存在として，数多くの人たちの熱い視線を集めた時期があった。若い年代層の人たちは別として，今日，インターネットというものを知ったころの大きな驚きの感覚が本当に懐かしいと思うのは，筆者のみではないように考える。

　いろいろな意味で，情報メディアとは実に魅力的な存在でもあり，現代という時代は情報メディアの豊潤な社会と表現することができるであろう。

(3)　インターネットの歴史を簡単に紹介すると

　ここ数年まえから，「IoT」－"アイオーティー"と読み，Internet of Things の略語－という言葉がメディアから流れるようになった。一般的には，「モノのインターネット」と称されるが，今日では，パソコン，あるいは，携帯電話やスマートフォンなどの情報メディアだけではなく，家電や自動車，ロボット

ないし施設などもインターネットに接続され，それらの情報のやり取りにより相互に制御する仕組が普及しつつある時代である。

　クラウドでデータ管理・共有をし，自宅やアパート・マンションからオンライン授業（遠隔授業）を受講し，必要に応じてインターネットショッピングを楽しんでいる世代に対し，あえてインターネットの紹介をするのは，日本に四季があり，1日が24時間あることを説明するほどに無益な気もするが，インターネットの成り立ち（歴史的な経緯）についは知らない人も少なくない。

　そこで，ここでは，やや退屈かもしれないが，今日，当然のごとく利活用されているインターネットの成り立ちについて簡潔に紹介することにしたい。

　一般的に，インターネットというのは，巨大な〈ネットワークのネットワーク（network of networks）〉とも称されているように，世界各国のネットワークが相互に接続された地球的規模の情報通信ネットワークの集合体である。実際の「地球」というシステムを完全に包み込んでいる，あるいは「地球」を取り巻いていると表現することもできるインターネットは，ボーダレスな〈ワン・ワールド，ワン・ネットワーク〉とも表現できるものである。

　そもそも，この「インターネット」というのは，1960年代末にアメリカ国防総省が大学や研究機関のコンピュータを接続してつくり出した軍事研究用ネットワーク・「アーパネット」（ARPANET）に端を発していることからすれば，インターネットの震源地はアメリカであるといってよいであろう。

　「アーパ」（ARPA）とは，アメリカ国防総省の高等研究計画局の略称である。歴史的にみた場合，アーパネットは，後年における情報通信ネットワークの構築に大きな影響を与え，その有効性を実証したこととしても評価し得るネットワークであるが，インターネットの世界的な普及につれ，その名前が表面に大きく顔を出したともいえる。

　もはや，若い年代の人たちの間では知らない人もいるかもしれないが，当時はアメリカとロシア（旧ソ連）との間は冷戦状態が続いている時代であった。

　インターネット以前に設計された電信や電話などの回線交換技術を用いたネットワークでは，交換機が爆撃などで破壊されると同時に，通信路が切断さ

れて通話が不可能となる。情報通信ネットワークが大規模化すればするほど，拠点となる交換機に機能が集中しそれだけ危険度も増大することから，アメリカの国防総省は，たとえ核戦争が起きても動作しつづけるようなネットワークを手にしたかったといわれている。

　このような意味から考えれば，残念ながら，私たちが，頻繁に，かつ平和的に利活用しているインターネットの誕生は，国家的かつ軍事的色彩を色濃く帯びたネットワークであったともいえるのである。

　いずれにしろ，その後，このアーパネットに世界各地の大学や研究機関などの個別に構築していたネットワークがつぎつぎに接続されていく。1980年代後半には，世界規模の学術研究用ネットワークとなったが，その後，特に1990年に入ってからは，商用ネットワークとして民間企業や一般市民にも広く門戸が開放され，これを契機として急速にネットワークの利用者が増えていくこととなった。

　1990年3月には，「アーパネット」は解散して，科学研究・教育の振興・推進を主な目的とするアメリカの政府機関・全米科学財団（NSF）が運用している「NSFNET」がこれを引き継ぎ拡大して，現在のインターネットとなっている。

　とりわけ，スイスのセルン（CERN）の技術者たちによって開発されたデータベース・システム・「ワールド・ワイド・ウェブ」（World Wide Web；WWW）－WWWのウェブとは，「蜘蛛の巣」の意味である－，そして，特別な専門的知識を持っていない一般の利用者でもこれを容易に利用できるようにしたブラウザと呼ばれるWWWの閲覧用ソフトウェア・「モザイク」（Mosaic）が開発され登場したことにより，1993年以降，インターネットが大きく発展した。

　1995年は，「インターネット元年」といわれるほどにインターネットが世界的な広さで爆発的に発展していったのである。

　ちなみに，アメリカの例をあげると，利用者数が5,000万人を突破するのにラジオは38年間，テレビは13年間かかったが，インターネットはわずか4年間

だったといわれている。

　今日では，そのインターネットの利活用の手段や方法だけをみても，あまりにも多岐にわたり，日々，広範囲に拡大しつつあるために，もしそのリストを作成しようとすれば，分厚い本が何冊もできそうである。

　ここであえて，紹介するまでもないが，インターネットを利活用してのサービス，すなわち，インターネットサービスでは，たとえば，インターネットショッピング（オンライン・ショッピング），支払・決済（クレジットカードなど），地図・ナビゲーション，情報検索・ニュース，オークション・フリマ，動画配信，QRコード決済，SNS（LINE，Instagramを含めて），音楽配信，ソーシャルゲームやオンラインゲーム，e－ラーニングなどが挙げられる。

　インターネットを使った書籍検索・注文サービスは大手書店のほか，取次会社や大手出版社が行っている。インターネットを使って通信販売を始める個人商店や企業も増え，インターネットを用いたさまざまな仮想上の店舗，すなわち，「電子商店街」がつくられているが，日本では既存の百貨店をはるかにこえた品揃えを誇る超大型のオンライン・ショッピング・モールとして，日本最大級の「楽天市場」をはじめ，「yahoo！ショッピング」，「Wowma！（ワウマ）」ないし「セブンネットショッピング」などがよく知られている。

　世界的には，アメリカの「アマゾン・ドット・コム」が世界で最も有名なインターネット通販業者として知られ，2000年11月に日本でも本格的にサービスを開始した当時は，日本でも大きな話題を呼んでいる。同じ年の9月には，業務をインターネット・バイキングに特化した「インターネット銀行（ネット専業銀行）」も新しく設立され，現在では，インターネット銀行のみならず，都市銀行や地方銀行などもインターネットでの取引が可能となり，証券会社においてもオンライントレードが行われている。

　なお，日本では最近知られるようになったが，中国では，毎年，11月11日は"1"が4つ並ぶことから，「独身の日」（光棍節，双十一）と呼ばれ，若い男女が集まってパーティを開いたり，自分で自分に贈り物をする大イベントがある。中国の若者たちの大切な「記念日」といっても過言ではない。中国のインター

ト通販業者として，世界的に有名な阿里巴巴集団（アリババグループ）によるこの日の取扱高は年々増加傾向にあり，「独身の日」のスタートから数時間で，日本円に換算して数兆円にのぼると報じられている。

　現在の高校生は，24時間，どこの地域からでも，パソコンや携帯電話からインターネットを通じて大学案内が請求できる。また，高校生や大学生などの就職希望者は，就職活動のためにインターネットを利用して情報を入手・収集すること，そしてインターネットからのエントリーはいまや当たり前となっており，最近ではウェブでの試験を1次試験としている企業も増加傾向にある。

　普通の個人がインターネット上で作家としてデビューする，いわゆる「ネット作家」も相次いで誕生しており，このような時代の中に，今生きている私たちは身をおいているのである。

　なお，ここ最近，インターネットを利活用する情報環境も整えられ，インターネットを利活用する際に，以前は主流だったナローバンド（狭帯域通信網）に代わって，ブロードバンド（広帯域通信網／bloadband）回線を利用する人たちも増加している。一般的に，インターネットのブロードバンド化といわれる傾向が急速に進みつつあるのである。高速大容量の双方向の情報交換が可能となり，しかも定額・低料金で利用できるブロードバンド回線の契約数は，全体的には増加傾向をみせ，現在の主流回線となっている。

　今日では，ブロードバンド回線の料金は，国際比較をすると，日本が極めて安価な水準となっており，日本が世界に誇れる情報通信環境の一つであるといってもよいであろう。

3　私たちとさまざまな情報システム

(1) 情報システムを理解する

　日常的な私たちの生活の場面で，情報メディアの他に，「情報システム」という言葉もよく聞く言葉である。

　情報システムとは，一般的には，個人，または集団や組織活動に必要な情報

の入手・収集，加工・蓄積・検索，さらに共有や伝達などにかかわる一連の仕組みをいう。すなわち，個人の活動を支援したり，あるいは，さまざまな集団や組織活動を運営，維持・存続・発展させるために必要なデータを情報源から収集・入手し，利用目的に適合するように加工・蓄積し，必要に応じて加工・蓄積した情報を検索したり，必要な場所（個人や部署）へ適時送信したりする一連の「仕組み」のことをいうのである。

　筆者は，私たちの社会には，「フォーマルな情報システム」と「インフォーマルな情報システム」とが存在することを主張している。

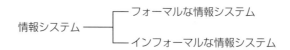

　「フォーマルな情報システム」は，コンピュータを中核とした情報システムである。たとえば，企業であれば，企業内部で公式に認知され構築されたり，企業と企業との間で結ばれたシステムであり，さまざまな情報メディアがネットワークで適切に結ばれた形での利活用が行われるものである。一般的に，学問として「情報システム」を論ずる場合は，そのほとんどが「フォーマルな情報システム」のことである。

　コンピュータを中核とした情報システムとはいえ，当初はさほど大がかりなものではなかったが，社会的な要請やその後の情報通信技術（ICT）の発展によって，情報システムを構築する上で必要な中核部分をなすコンピュータが加速度的に大衆化，普及化していく。ハードウェア部分の小型・軽量化，高性能化および低価格化の実現，またソフトウェアの種類も豊富となり，いたる場面に情報システムは急速な勢いで構築され，拡大していったのである。

　とりわけ，通信技術面での発展は目覚ましく，広範囲にバラバラに点在し分散している"情報発生源"との通信回線による接続が可能となり，当初のコンピュータの「点」の利活用から「線」への発展，さらに，ネットワーク機能を利活用しての「面」，あるいは，「立体的」な利活用へと段階的に発展してきたといってよいであろう。

　また，通信速度も飛躍的に向上しつつあり，通信技術の高速・大容量化は，驚くほど変化している。すでにプレサービスが開始されている5G（第5世代移動通信システム）は，「超高速」（現行4Gの10倍の速度）だけではなく，「多数同時接続」（現行4Gの30～40倍），「超低遅延」（現行4Gの10倍の精度）を実現する。

　他方，公式には認知されていないが，必要に応じて，自社の構成員同士や他社の構成員との間で自由に形成された，ある種の情報システムが存在する。この場合の情報システムを「インフォーマルな情報システム」と呼んでいる。

　「インフォーマルな情報システム」は，必ずしも，情報メディアの介在や利活用を必要とせず，人間と人間との柔軟なつながりによって，必要な情報を共有したり交換する「仕組み」が出来あがっている場合である。

　しかしながら，実際には，「フォーマルな情報システム」と「インフォーマルな情報システム」とは併存して存在し，場合によっては，フォーマルな情報システムに対して，インフォーマルな情報システムが何らかの影響を与えていることすらあり得るのである。

　現在，私たちの身の回りには，わりと小さな情報システムから巨大な情報システムまでが重層的に構築され，ほとんど24時間稼働している。また，大小という区分だけではなく，利活用の方法によっても情報システムを分けることができる。

　さまざまな情報システムについては，次の項目で簡単に紹介するが，大小という区分でいえば極めて巨大であり，私たちにとっても重要な情報システムの具体的な例として挙げることのできるのが，国が運用し全国の地方公共団体を結んでいる「総合行政ネットワークシステム（LGWAN）」（第8図）である。この中で，「WAN」は「ワン」と読み，広域情報通信網の略字であり，「VAN」のほうは「バン」と読み，付加価値情報通信網の略字である。

　そしてさらに，第9図のほうは，筆者が勤務している大学の所在地である長崎県が取り組んでいる「電子県庁」の図である。長崎県においては，県への申請，届出などの手続きや県庁からの情報などに関して，自宅のパソコンからイ

第8図　総合行政ネットワークシステム（概略図）

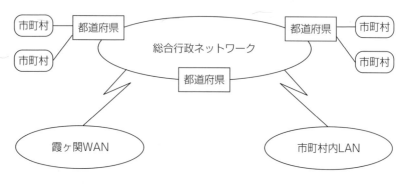

第9図　電子県庁の一例（長崎県の例）

ンターネットを通じて，24時間入手できるなどの行政サービスを実現するシステム開発が進められている。

　日本におけるそれぞれの地域社会では，情報通信技術（ICT）を用いて「電子県庁」や「電子市役所・電子役場」を実現しようと，さまざまな取り組みを

行っているのである。

(2)　さまざまな情報システムの姿

　情報システムに関する定義づけは，上述したとおりであるが，情報システムが扱う情報によって，情報システムを便宜的に区分することは，私たちの生活の中で構築され，実際に稼働している情報システムを理解するのに役立つものと考える。

　社会情報に関しては，すでに第2章において説明したが，この社会情報を扱う一連の仕組みが社会情報システムである。たとえば，総合行政ネットワークシステム（電子政府），住民基本台帳ネットワークシステム，地上波放送網・衛星放送網・CATV網など社会全体に影響を与える情報システムが多い。

　地域情報を扱う一連の仕組みが地域情報システムであるが，地域情報とは，地域社会を流れ，地域社会で創られ発信される情報をいう。具体的には，地域経済，地域産業（地場産業），地域文化，地域政治・行政，地域医療・福祉，教育，さらには地域の気象，災害および娯楽などに関する情報をさしている。地域情報は，広く社会を流れている社会情報を地域の視点（観点）から切り取ったり，新たに地域住民が創造した情報でもある。

　このような地域情報を扱う地域情報システムの数は多い。たとえば，地域カードシステム，緊急通報システム，防災情報システム，生涯学習情報提供システム，道路・交通情報システム，駐車場情報システム，観光物産情報提供システム，商店街情報提供システム，地域・タウン・イベント情報提供システム，公害監視システムおよび保険医療情報システムなどがこれに含まれ，私たちのごく身近な情報システムとして，その恩恵をこうむっている。

　企業経営におけるコンピュータの利用は，「経営情報システム」として発展し，今日にいたっている。学問的にみた場合，日本での経営情報システムに関する議論は，おおむね，1965年以降とされている。情報システムの導入当初は，給与計算，請求書発行，受注処理ないし在庫管理といった業務処理，すなわち，業務レベルでの情報処理業務用として情報システムが利活用され，情報システ

ムという名称よりも,「情報処理システム」という名称が主に用いられていた。このような情報システムの導入によって,それ以前とは比較にならないほど事務合理化や省力化が行われ,いわゆる,"事務自動化"という考え方が企業に浸透していったのである。

その後,経営情報システムは,理論的にも技術的にも発展し,今日にいたっては,自社の競争優位(性)を確立するために,どのように情報システムを構築し利活用するかが企業の重要な経営課題の一つとなっている。

今日の企業を取り巻く環境が厳しく,企業間同士の競争も激しい中にあっては,どのような業種や業態の企業であっても,自社が「生き残る」ためには,競争優位(性)の確立がさけられない。

この競争優位(性)という言葉は,経営学の専門用語だが,意味としては,"自己の戦略を確立し,それによって企業の活動領域や目標を定義し,競争相手の企業に対する主導権を確立する"(斎藤環,1989年)ことである。従来のように,情報システムの構築というものを,単純に,部分的な業務処理的発想や管理的発想によるのではなく,戦略的発想をもって情報システムを構築する必要性が高まっている時代なのである。

このような背景を踏まえて,主に経営学では,「情報システムの戦略的利用」,ないしは,「競争の武器としての情報システム」として理解されている「戦略的情報システム」の構築が頻繁に論議され,実際の企業経営の場面において,いろいろな戦略的情報システムが構築されている。

情報システムの戦略的利用の典型的な例として,私たちの生活にも馴染み深いのが,コンビニやスーパーなどでよく見かける「POSシステム」であり,経営情報システムというよりも,流通情報システムに分類されるシステムである。

POSシステムは,「ポスシステム」と読むが,正式には「ポイント・オブ・セールス(Point of Sales)システム」のことである。日本語的には,「販売時点情報管理システム」と訳されている。店舗入り口の機械で商品に表示されたバーコードを読み取ることにより,消費者(顧客)の生の購買動向に関する

データを迅速，かつ正確にキャッチし，販売分析や在庫管理などに利活用するシステムがPOSシステムである。

　消費者（顧客）ニーズの多様化，取扱商品の種類も膨大な量にのぼり，しかも商品のライフサイクルの短縮化がいちじるしい今日の流通業界にとって，このPOSシステムという情報システムは，もはや典型的な流通情報システムとして利活用されている。

第4章

変化をもたらす社会情報化の進展

カクテルのなかのカクテル

わたしの願いをかなえておくれ－

子どもたちに　希望と喜びを

子どもたちに　未来の世界への信頼を－ゲプッ！－

子どもたちが　身も心もすこやかになりますように！

子どもたちの幸せが　お金よりたいせつにされますように！

－ヒック！－

(ミヒャエル・エンデ『魔法のカクテル』より)＊6

1　よく聞く〈化〉とは何か

　よく耳にする〈化〉とは何か。

　著者は，この〈化〉を説明するために，あえて，一項目設けるまでもないと考えたが，本章の最初の項目として，簡単にふれておきたい。

　日常的な文章においても，また学術的な文献の中でも，〈化〉をつけた言葉が数多くある。〈グローバル化〉，〈国際化〉および〈ボーダレス化〉はむろんのこと，〈効率化〉，〈システム化〉，〈産業化〉，〈標準化〉，〈複雑化〉，あるいは，〈個性化〉や〈多彩化〉など，それを数え挙げたら数かぎりない。

　社会をあらわす場合も，〈高齢化社会〉，〈サービス化社会〉および〈工業化社会〉という表現が用いられている。本書では，現代の社会を「高度情報社

会」と表現しているが，当初は〈情報化社会〉という表現が利用されていた。

　第３章でも指摘したように，〈情報化社会〉論は，最初に日本で着想され発展した議論ではあったが，当時においてさえ，情報化社会に対する明確な定義や概念などが曖昧なのにもかかわらず，情報化社会という表現が頻繁に用いられたのは，ある意味で，概念よりも，実際の社会的現象が先行していた証拠ともとれるのである。

　実に，〈化〉という表現は，はっきりと説明しがたい，抽象的な言葉であるとはいえ，現実に発生している現象を説明する上でも，極めて便利な日本語であるといえる。

　そこで，あえて，〈化〉を解説すれば，〈～が進んでいる〉，〈～進行中である〉，〈～傾向がある〉および〈～といった一般的傾向がある〉という表現として考えても，あながち間違いではないようである。

　本書では，〈社会情報化〉という表現を多用しているが，異論を承知の上で規定してみると，社会情報化とは，「社会情報の必要性およびその価値の重要性に対する認識が社会的に広く行きわたり，多種多彩な情報メディアの利活用の割合が高まって，これまで以上に社会情報の特性と価値が発揮される傾向があること」と筆者は考えている。

　このように定義した場合，単純に，さまざまな情報メディアが社会に普及して，いろいろな場に情報メディアが導入・整備されるだけでは，本来的な意味の社会情報化が進展したとはいえない。多種多彩な情報メディアの積極的な利活用によって，私たちの生活や社会全体に，具体的な何らかの影響ないし効果（成果）があらわれなければ，社会情報化という表現にはふさわしくないのである。

　もちろん，社会情報化という社会現象は，ある意味で，現代の社会に特有な現象とはいえず，程度の差こそあれ，いつの時代にもみられた現象であるといえる。しかしながら，現在，私たちが実際に経験している情報通信技術（ICT）の発展を組み入れた社会情報化は，過去の社会情報化とは比較し得ないほどに画期的で高度であり，かつまた，その一人ひとりの人間や社会に与える影響も

広範囲で強力なものになっているのである。

　いずれにしても，どのような形態であれ，〈化〉という言葉は，進行形の状態であり，そこに，“拡大する傾向”や“ダイナミック性”を表現していることには間違いない。

　将来的に，情報通信技術（ICT）の発展を組み入れた社会情報化という社会現象がどこまで進展するのか予測しがたいが，社会情報化の進展が，私たちの知識，視野（視点），人間関係，コミュニケーションおよび価値観などを大きくゆさぶり，しだいに変化させていくことはうたがい得ないだろう。

　そして，この社会情報化というダイナミック性が，人間の「生きる力」をますます高め，前向きに，丁寧に，何事にも負けないで勇敢に，自分だけの大切な人生の「物語」を生き，より豊かで幸せになるために大きな役割を演じることを期待したいものである。

2　個人・家庭生活における社会情報化

⑴　個人・家庭生活にとっての情報の役割

　私たち自身の長い一生は，母親のお腹から生まれ落ちた誕生の瞬間から開始する。むろん，動物などと違って，生まれてすぐに一個の人間としての自立した生活を送るわけではないが，いずれは，私たちが自分自身の生活の中心人物とならざるを得ない。

　一般的に，個人生活や家庭生活という場合の「生活」とは，“活き活きと活動する”ということを意味し，さまざまなものを獲得したり，手に入れたものを利活用して，〈いのち〉と生活を維持・存続・発展させていく過程である。

　通常，日々，具体的な体験や経験を積み重ねながら営んでいる私たちの「生活」というのは，それぞれ多様で千差万別であり，同一パターンでの生活状況というものは存在しないし，展開されることはない。私たちの生活は，そのような意味では多様であり，個別的であり“みんなバラバラ”な個性をもって営まれているものなのである。

しかしながら，私たちの生活は，一日一日を無目的に，少しずつ老いて逃れられない死にいたるまで，ただ漫然と過ごす受動的な行為であるとは考えられない。やはり，私たちは，積極的に生きていく存在である。人間本来の汗を激しく流し，思索と創造を行い，成功と失敗を繰り返しつつ体験と経験を積み重ね，時には勇敢に自分の限界にチャレンジして，総体的に，より人間らしく生活することを希望しつつ，毎日を生きていくのである。

　そして，私たちが，およそ人間的な生活を営もうとするならば，さまざまな情報を，いろいろな手段で手に入れ，手に入れた情報を確認したり，検討したり，必要に応じて，多くの〈他者〉に情報を伝えたり交換することが必要となる。

　朝，目がさめれば，一番に新聞を広げ，新聞の折り込みチラシなどに目を通し，朝食をとりながらテレビから流れるニュースや天気予報を確認するのを日課としている方も多いことだろう。あるいはまた，自宅のパソコンを開いて電子メールを確認したり，携帯電話やスマートフォンなどに電子メールを打ち込むことを日課としている方もおられる。

　おそらく，統計をとれば，職場について一番にする行動の最上位に，"自分のデスクのパソコンに電源を入れて，電子メールを確認すること"が挙げられるであろう。お茶に手が伸びるのは，その次なのである。

　このような意味でも，先に述べたように，現代における人間の行動は，ことごとく情報行動なのである。

　ところで，『聖書』（バイブル）を実際に読んだことのない方でも，聖書にしるされた言葉を耳にしている場合が多い。あるいは，聖書にしるされている言葉とは知らずに，日常的に聞いたり，みずから使用している場合も多いのではないだろうか。たとえば，「人はパンだけで生きるのではなく，神の口から出る一つ一つのことばによる」（新約聖書マタイの福音書4章4節）という聖句や「あなたの右の頬を打つような者には，左の頬も向けなさい」（新約聖書マタイの福音書5章39節）といった聖句などである。いずれも，イエス・キリストが語られた言葉である。

　旧約聖書の「創世記」に，いわゆる，「ノアの箱舟」の記事があり，キリスト者でなくても，一般的に，よく知られている内容の一つかもしれない。

　「創世記」では，ノアとその息子たちによって箱舟がつくられ，ノアとその妻，そして息子たちの家族，さらに地上に住むすべての動物の雄と雌のひとつがいが箱舟に入り，箱舟の入り口がしっかり閉じた時，空が暗くなり，雨が降り出した。その雨は，その時から40日40夜降り続き，地上の陸地はすべて水没したとある。

　時がたち，ノアは箱舟の外の水が引いたかどうかを確かめようとする箇所が，以下の場面である。

　　　四十日の終わりになって，ノアは，自分の造った箱舟の窓を開き，烏を放った。するとそれは，水が地からかわききるまで，出たり，戻ったりしていた。

　　　また，彼は水が地の面から引いたかどうかを見るために，鳩を彼のもとから放った。

　　　鳩は，その足を休める場所が見あたらなかったので，箱舟の彼のもとに帰って来た。水が全地の面にあったからである。彼は手を差し伸べて鳩を捕らえ，箱舟の自分のところに入れた。

　　　それからなお七日待って，再び鳩を箱舟から放った。

　　　鳩は夕方になって，彼のもとに帰って来た。すると見よ。むしり取ったばかりのオリーブの若葉がそのくちばしにあるではないか。それで，ノアは水が地から引いたのを知った。

　　　　　　　　　　　　　　　　　　　（新改訳聖書刊行会訳，1970年）

　この文章から知れるように，ノアが地上に満ちていた水が引いたのを初めて知ったのは，鳩がくわえてきたオリーブの若葉である。

　この場合，オリーブの若葉こそが，重要な情報の役割を果たしている。そしてその後，ノアとその妻，そして息子たちの家族は，乾いた大地で新しい生活

を始めることとなるのである。

　この聖書の記事にみられるように，一人ひとりの私たちにとって，また家庭においても，一つの情報によって，一人の人生や家庭生活がわずかながら，あるいは，大きく変化することがあり，私たちの日々の生活はその連続をなしていると表現することができるだろう。

(2)　社会情報化と「情報通信ネットワーク・ベース型生活」

　どのような時代にあっても，通常の生活状況にあっては，日常的に情報の入手・収集，情報の伝達・蓄積，そして情報の発信なしには，平和で快適な生活を過ごすことはできなかったであろう。

　ただし，過去の時代において，たとえば，戦前の日本の社会のように，社会全体の急激な変化もなく，ゆるやかな変化にとどまり，価値観や生活意識も大きく多様化していなかった時代においては，さほど瞬時に新たな情報を入手・収集する必要もなく，情報メディアの絶対的な必要性は高くなかったといえる。ラジオから流れる情報や，新聞に折り込まれる簡単な広告類，あるいは，近所同士の口コミ情報を得ただけでも，生活そのものに支障をきたすことはなかったのである。

　ところが，現代においては，日々，新たな情報なしの生活などは考えられず，テレビ，パソコン，携帯電話およびスマートフォンやタブレットなど，多彩な情報メディアを頼りとする生活がごく当然であり，何の違和感もない。今日では，従来のように分厚い百科事典や辞書を開かなくても，フリー百科事典である「ウィキペディア（Wikipedia）」から知りたい情報を探り，家庭用ロボット（コミュニケーションロボット，ペット型ロボット，AIスピーカーないし掃除用ロボットなど）までもが家庭での生活をサポートする時代である。

　もし，多彩な情報メディアを完全に断ち切った生活をしようとするなら，誰もいない無人島で一人暮らしをするか，奥深い山で隠遁生活を始めて，すべての〈他者〉との関係を遮断する必要があろう。なぜなら，通常の生活を過ごしている〈他者〉は，いやおうなく情報メディアにかかわっているからであり，

〈他者〉とかかわるということは，やはり，間接的に情報メディアの影響を受けざるを得ないからにほかならない。それほど，現代の社会を生きるということは，情報メディアに依存せざるを得ない状況が形成されているのである。

　まさしく，筆者が以前から主張しているように，現代における生活状況を簡潔に表現すれば，「情報通信ネットワーク・ベース型生活」と呼び得るような新たな生活状況があらわれているのである。ここでいう「情報通信ネットワーク・ベース型生活」という用語は，筆者の造語である。筆者は，この言葉を日々の生活全般において情報や情報メディアへ依存する比重傾向が強まり，情報通信技術（ICT）の絶対的な必要性が高く利活用が日常化する生活状況，という意味で用いている。

　個人・家庭生活における情報メディアの利活用の方法は多面的であるが，大きくは，「実用的な利活用の方法」と「趣味・娯楽的な利活用の方法」とに区分することができる。

　前者は，情報メディアを用いた自分の仕事などに必要な情報の入手・収集，整理・検索・発信，あるいは，生活上重要と思われる種々の情報整理や作成，たとえば，住所録管理・検索，地域活動のための文書作成，家計簿の記録および家族の健康管理などが考えられる。

　後者は，ゲームソフトを用いたゲーム遊び，友人や知人同士の電子メールでの連絡や交換，イベントの場所や時間の確認，チケットの手配および観光地情報の入手・収集など，みずからの生活をより豊かにすることを意図した利活用方法である。なお，近年では，オンラインゲーム（インターネットゲーム）を楽しむ若者も増え，オンラインゲームをスポーツ競技とするeスポーツ（エレクトロニック・スポーツの略称）の大会も世界各国で開催されている。

　日々の生活の中で，一般的に言われる〈経済的豊かさ〉と生活の安全性などを日常的に維持しつつ，さらに〈精神的豊かさ〉などより高次の人間的欲求を満たそうとする志向が強まれば強まるほど，正確で信頼性の高い情報が必要となり，情報メディアへの依存度が高まることはうたがい得ないだろう。

　また，一人ひとりの個人の生活に視点をあててみれば，あらゆる意味におい

て，一人ひとりの物事の選択可能性が増大し，物事にチャレンジする機会が与えられ，そのような個人の行動が社会に反映される場面も格段に高まっている。つまり，多彩な情報メディアの利活用によって，自己を表現する可能性が以前とは比較にならないほど高まっているのである。

そして，それはなにも自分の高邁（こうまい）な精神，夢，あるいは，栄誉（えいよ）など光輝く面をことさら示すことだけではない。もしかしたら，日々の生活において，無理をしたり，仮面をかぶって演じざるを得ない自分を脱ぎ捨てて，素顔の自分の心のうち，生活の場面で生じた悲しみ，さみしさ，不安，落胆，失意ないし絶望感なども赤裸々（せきらら）に告白すること－他人がそれをどのように評価するかを気にせずに－も大切なことであろうと思われる。

このような表現は，人間の「生きる力」を発揮するために，大きな効果をもたらすものと筆者は考えている。それは，弱い人間の行為と決めつける必要はないし，軽蔑すべき行為でもないのである。

そもそも，チャレンジする〈可能性〉とは，「それはできる」という人間の内側にある生きる力，そして，未来への力である。

自分自身の内にある可能性を否定し，失敗をおそれてチャレンジせずに何もしない方が気楽でよいかもしれない。とりわけ，失敗する可能性が60％以上なら，チャレンジすることによる忍耐や労苦を避ける方が賢明な生き方のようにみえるのは，当然なことといえるだろう。

しかし，それで，本当の満足を得ることができるであろうか。テッド・W・エングストロムは，容易なもの，きつくないものによって，真の満足が得られることはまずあり得ない。それは，優れたものを目指す道とは正反対なものである，と指摘している（テッド・W・エングストロム，松代訳，1986年）。確かに，氏の指摘どうりかもしれない。

残念なことに，人間は自分自身の思い込みで，自分の能力，得手・不得手を限定し，ひどい場合は"自分はダメなんだ"と，根拠のない"マイナスの暗示"を自分の心にかけ，可能性を十分に発揮できないままになってしまう例が多いといわれている。

74

　また，それとは逆に，若い年代のみならず，年齢に関係なく，私たち人間は何らかの「きっかけ」（＝それは，置かれた状況や状態，物，書籍，人，言葉，ないしは感情など）によって，その人間の〈スイッチ〉が“オン”となり（＝スイッチが入る状態），可能性を開花させて大きく現状から未来へ向けて飛躍する人たちの例も数多い。

　もし，内なる素晴らしい可能性をもちながら，もう一歩を踏み出せないという場合には，身近な他者（それは，知人・友人，親，あるいは教師かもしれない）が，その〈スイッチ〉を見つけ，“オン”にしてあげることが望まれる。

　人間のもつ〈可能性〉は，未来をつむぎ，社会にはかり知れない益をもたらす巨大な力の波となるはずである。

3　地域社会における社会情報化

(1)　あらためて「地域社会」を考えてみる

　筆者は，これまで，長らく，実際的な地域活性化や創造的なまちづくりにかかわり，また，「地域社会」の発展と情報メディアに関連する調査・研究を続けてきた。

　筆者は，「地域社会」というのは，その構成要素たる人間が多様で，常に相互に影響を与え合う非常に緊密な相互関係を持って存在する複雑な系（システム）である，と考えている。それは，大都市圏の地域社会であろうが，地方都市圏の地域社会であろうが，地域社会は多くの人間にとって重要な生活拠点であり，一人ひとりの人間が一日一日を生きる生々しい身近な現場，実際的な身体をおく足場でもあると考えている。

　すなわち，昔ながらの事柄や過去の出来事ばかりを懐かしんだ単なる「先祖がえり」，あるいは，「ものまね」（模倣）ではなく，すべての地域住民のより豊かでより幸せな人生のために，既存の「型」（形態）や「枠組み」にとらわれず，大胆な創造的発想での未来志向的な“まち”を創りあげていくことが求められている。誰もが，みずからの身体を置く地域社会の現実から目をそらす

ことなく，さまざまな地域課題を解決しつつ，地域住民一人ひとりの〈いの
ち〉と〈絆〉を大切にした魅力的で，活き活きとした心豊かなまちづくりにつ
いて思考することが必要であり重要であるといえるのである。

　ここでは，まず最初に，「魅力ある地域社会」とはどのような姿をしている
のか，という点について，あらためて簡単に考えてみたい。

　第10図は，魅力的な地域社会の姿を著者が図式化したものであるが，簡潔に
表現すれば，魅力ある地域社会とは，〈活力に富む〉，〈個性豊かで魅力を秘め
た〉および〈ゆとりと豊かさに満ちた〉地域社会であると説明することができ
るように思う。

　むろん，このような内容は，あくまで便宜上のことである。あえて強調する
までもなく，この三つの基本的な内容は，それぞれ別個に分離して成り立つも
のではなく，緊密な相互関係をもって成り立つダイナミックな一つのシステム
として考えられるのである。

第10図　魅力ある地域社会の姿

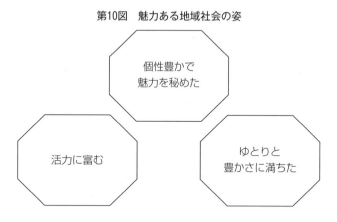

　以下においては，この三つの基本的な内容について，より理解を深める意図
－やや補足する意図も含めて－からも，それぞれ簡潔に検討を加えてみること
にしよう。

　まず最初に，〈活力に富む〉とは，地域住民が"ワクワク"，"ドキドキ"で
きる活動や場があり，地域経済が活性化している姿が思い浮かぶ。

　地域経済の活性化には，情報，研究開発，人材育成，地域間の産業・技術交流および国際交流など，高次の機能を発揮する産業基盤や社会資本の十分な整備が行われ，有効に機能することが必要であろう。

　地域社会においては，さまざまな知的サービス産業や知識集約型・技術集約型産業などの積極的な誘致や育成をはかり，地場産業の技術の高度化および高付加価値化，かつまた，それらに伴う経済活動の一層の活発化を実現する必要性がある。そしてさらに，地域社会がおかれた地理的条件によっては，大規模観光・リゾート開発やコンベンション型産業を集積・育成するなど，めまぐるしく変化する経済環境を視野に入れて，地域社会における雇用の確保・促進，所得水準の向上や所得格差の是正などをはかることが望まれる。

　いずれにしても，地域社会における経済の活性化は，地域社会に活力を与えるために行われる。もし，地域社会の経済が活性化していない場合は，地域社会が持っているそれぞれの特性や独自性に十分配慮し，その特性や独自性を重視しつつ地域社会の経済の活性化をはかることが大切であるといえよう。

　次に，〈個性豊かで魅力を秘めた〉とは，表現を変えれば，個性を十分に発揮している地域社会，あるいは，アイデンティティ（identity）が確立した地域社会ということができよう。アイデンティティとは，心理学では自己同一性，すなわち，自分が自分であることの認識をしめす用語である。

　どのような地域社会にも，その地域社会固有の，あるいは地域社会特有のすぐれた有形・無形の地域資源がある。

　たとえば，(1)自然資源として気候，自然景観，動植物，温泉および海浜など，(2)歴史的資源として神社・仏閣，遺跡や城などの文化財および博物館など，(3)社会資本資源として鉄道，港湾，空港および公園など，(4)文化的資源として伝説・伝承，地域独特の生活様式・風習および習慣など，(5)商業・サービス資源として商店街，ショッピングセンター，テクノプラザ，音楽ホールおよび大規模スポーツ・レジャーランドなどがあり，その他に，農林水産資源，工業資源，あるいはまた，特色ある産業技術・伝統技術など，その地域社会特有の多彩な資源が存在している。

〈個性豊かで魅力を秘めた〉地域社会とは，このような既存の有形・無形の貴重な資源を活用したり再評価することに加えて，新たな伝統文化・郷土文化の保存や施設の整備，新たな都市文化を常に創造しているのではないかと考えられる。

　なお，地域社会のアイデンティティが確立している場合，地域住民の組織化や住民参加にともなう相互の連帯性ないし連帯意識がうみ出され，また，文化の振興と宣伝，自分が住んでいる郷土への誇りや愛着の高揚につながる可能性も考えられ，アイデンティティの確立の意義は大きいといえよう。

　そして最後に，〈ゆとりと豊かさに満ちた〉地域社会については，一言でいえば，人間性尊重の地域社会とでも表現し得る事柄である。

　現代に生きる人びとの生活は，従来のモノの価値や経済的豊かさ以上に，精神的豊かさの方に価値をおく，すなわち，"モノの価値・豊かさ"よりも，"ゆとりや心の豊かさ"が求められていることはいうまでもない。

　しかし，日本では，以前から労働環境・作業内容の"きつい"，"きたない"および"危険"を労働現場の３Ｋと称しているが，これらに同じく模して，"金の不安"，"健康の不安"および"孤独・孤立の不安"を現代の地域社会に暮らす高齢者の３Ｋと称するようになった。したがって，経済的な安定，生活の利便性の保障および安全・安心に暮らせる社会的状態が強く求められている。一人暮らしで，買い物もままならない「買い物弱者」や災害時に避難がむずかしい「災害弱者」といった高齢者には，安心感と信頼感のある〈人と人との絆〉のもとに，寄りそい，励ましあい，いつも地域社会が温かい手を差しのべることが必要となっている。

　そしてそのことが，結局は，地域住民全員の大切ないのちを守ることに直結する。小さな子どもから高齢者まで，深い信頼関係の中で，次の世代に〈いのちをつないでいく〉ことこそが，地域社会の"ゆとりや心の豊かさ"といってよいのではないだろうか。

　しかしながら，いずれにしても，私たちが人間らしく生きること，換言すれば，「人間としての尊厳」が常にたもたれ，人間としての個性や個人の地域社

会での主体性を尊重し，かつまた，〈他者〉の人間性や価値観を最大限に尊重する "生活の場" としての地域社会を，〈ゆとりと豊かさに満ちた〉地域社会と考えたとしても，大きくはずれることはないように考える。

　以上，簡潔ではあったが，魅力ある地域社会の姿について考えてみた。残念ながら，最近では，〈活力に富む〉，〈個性豊かで魅力を秘めた〉および〈ゆとりと豊かさに満ちた〉という三つの基本的な内容を完全に備えた地域社会は決して多くはないだろう。

　このような点から考えても，魅力ある地域社会の発展を検討する上で，どのように情報通信技術（ICT）を利活用していくかを検討することは，大きな意味を持っているといえるのである。

(2)　地域社会の発展と社会情報化

　今日では，「まちづくり」や「地域創成」という言葉をよく耳にすると思うが，これらの言葉は，みずからが住む地域社会の発展のための具体的な行動と考えることができる。

　「まちづくり」とは，簡潔には，"ある一定の地域に住む地域住民が，みずからの日々の生活を支え，安全で快適に，かつより人間らしく生きていくための共同・連携の場をつくりあげること" と考えることができる。そうであるとするならば，地域社会を生活拠点とするすべての人たちが，その一人ひとりの眼差しと能力をみずからが生活の基盤としている地域社会に向けなければならないだろう。

　とりわけ，日本では，「市町村合併」が進められており，脈々と築いてきた地縁が薄れ，合併によって名前が消えるなど地域住民同士の昔からの誇りや絆が弱まりつつある。

　市町村合併などで地域社会の姿が変わりつつある今こそ，みずからの地域社会に自分自身を積極的に深く関与させていかなければならないのである。地域社会は，自然に所与として〈あるもの〉ではなく，住民が積極的にかかわり，実際に行動し，みずからの手で〈創り出して〉いくものである，という確固た

る意識を持つことが重要であるといえよう。

　現代における地域社会は，その内容に強弱はあるにせよ，いろいろな地域課題を抱え，今日のまちづくりへの意識を高める大きな要因ともなっているが，まちづくりの必要性や意義を考えるうえで重要と思われる地域課題について，簡潔にまとめると以下のとおりである。

　まず最初に，地域経済の低迷が挙げられる。たとえば，地方における地域社会では，相対的に大都市圏と比較して，生活・経済環境の格差が生じており，地方における地域社会の多くは大企業が少なく中小零細企業の数が圧倒的に多いという実情がある。長時間労働に比較して賃金水準も高いとはいえず，さらには，業種・業態によっては就労者の高齢化もしだいに進んでいる。

　次に，凶悪犯罪や事件・事故の多発が挙げられる。今日では，これまでにない犯罪者の低年齢化や犯罪の凶悪化が進んでおり，高齢者や若年層などをねらった被害が深刻化している。従来の地域社会における地域共同体としての機能が崩れ，防災や防犯機能が低下して住民の日常生活がおびやかされ，地域住民の〈いのち〉の危険度が高まっている。

　続いて，急速な少子・高齢化の進展が挙げられる。我が国は，先進国のなかでも，急速に少子・高齢化が進んでいる。少子・高齢化は社会保障費用の増大，年金問題および若年世代の税負担の増大など多くの社会的問題を引き起こしている。とりわけ，本来の人口が少ない地方における地域社会の場合は，いろいろな地域課題があるなかでも，少子・高齢化や人口減少は特に憂慮すべき課題といってよいだろう。

　さらには，甚大な被害をもたらす自然災害などの発生が挙げられる。今日では，局地的な自然災害だけではなく，阪神・淡路大震災や東日本大震災などにみられるように，多くの人命と財産が失われる自然が発生し，今後も巨大地震などの発生が予測されている。このような震災・災害などは，地域社会全体に甚大な被害をもたらし，地域住民の日常生活の基盤を激しくゆるがしかねないのである。

　そして最後に，地域住民の価値観・ライフスタイルの多様化が挙げられる。

地域における地域社会への都市的な生活様式の浸透は，地域住民に多様な価値観をもたらし，ライフスタイルを次第に多様化ないし変化させている。それは，町内会・自治会などの自治組織への加入率の低下やコミュニティ活動にも影響を与え，住民相互の連帯感も低下させ，従来，地域社会において近隣住民相互で行われていた“助け合いの精神”にも影響を与えている。その結果，人間としての〈生きる力〉が減退したり，幸福観を喪失するといった事態を招きかねないといった問題も起きている。またさらには，これまで自然に機能していたコミュニティによる子育て家庭への支援・援助などが難しくなるといった問題も発生しているのである。

　以上，まちが共通に抱えている地域課題について簡潔にまとめてみたが，今日では，私たちが生きている地域社会が，明日，どのような姿になっているのか，その姿を明確にキャンパスに描ききれないほど，地域社会の変化は激しく流動的であり，未来予測が困難になっているのである。

　そこで，筆者は，このような「まちづくり」や「地域創成」の今日的なあり方として，その担い手は，あくまでも，地域社会の主体である住民であり，“〈住民全員起点〉の総合力による積極的，創造的な推進”が望ましいと考えている。これまで，〈住民起点〉という用語は使用されていたが，筆者はこの言葉にヒントを得て，全員が起点となるという意味を込めて，〈住民全員起点〉の総合力という言葉を造語し，筆者の論文などでも用いている（第11図参照）。

　ここでいう〈住民全員起点〉という場合の「住民」とは，広義の考え方を採用して地域社会の構成アクターである地域住民，自治体（行政）および企業の三者をさしている。

　しかも，この三者は，互いに連携・協働的関係をしっかりと築き，そのイメージとしては，サッカーチームやバスケット・チームのような計画的で，躍動的な動き，あるいはまた，お祭などでみられる集団演技のような，全体的に協調・調和のとれた群舞のような動き方であり，このような協調・調和のとれた動き方が，極めて大きな効果を発揮するものと考えている。

81

第11図 「住民全員起点」の総合力

地域住民

自治体
（行政）

企業・
各種の機関

「住民」とは，地域社会の構成アクターである地域住民，
自治体（行政）および企業・各種の機関の三者をさし，
この三者は互いに連携・協働的関係にある。

　もちろん，総合力を具体的に高めるためには，三者相互間での積極的な情報
公開，リアルタイムでの正確かつ緊密な情報共有・情報交換などが不可欠とな
るが，その重要な役割を担うのは，何といっても効果的な情報メディアの利活
用であるといえよう。

　なお，ひと言付言すれば，地域住民，自治体（行政）および企業の三者が，
常に平等かつ公平な立場であることを厳密に前提とすることは，むしろ非現実
的と考えざるを得ないだろう。解決すべき問題や提案する政策および遂行課題
によっては，連携・協働的関係を維持しつつも，それぞれの立場のあり様や相
互の関係を変化させなければならない場面もあり得る。また，むしろ，その方
が総合力としては高まる場合もある。

　そこで，それぞれの立場のあり様や関係を決めていくことを「デザインす
る」という表現を用いると，どのようにデザインするかが，「まちづくり」や
「地域創成」の推進に大きな影響を与えるものと考えている。

　さて，さきほど，簡潔に，魅力ある地域社会を〈活力に富む〉，〈個性豊かで
魅力を秘めた〉および〈ゆとりと豊かさに満ちた〉地域社会であると説明した
が，社会情報化との関連で考えられることを，以下にまとめてみたい。

　まず，第1番目の〈活力に富む〉という点についてである。日本においては，

産業・企業における戦略的な情報通信技術（ICT）の利活用への取り組みは非常に早い時期から行われているが，さらに産学官連携などによる新たな付加価値を創造する新市場・新産業の創出が試みられようとしている。

今日では，急速に進展している企業経営における社会情報化や新興市場の台頭などにより，多くの企業は，これまで以上に国内のみならず国際的な競争力をも強化せざるを得ない状況におかれている。

筆者の考えでは，今日，地域社会と地域社会，企業と企業とがきそい合う地域間競争・差別化という発想は，もはや限界にきていると考えている。つまり，中小企業の多い日本の地域社会では，いつの時代も，きびしい経営環境の中で苦戦を強いられている状況にあり，企業によってはみずからの力では，いろいろな問題や困難にはばまれて，企業の維持，存続および発展がむずかしいケースもみられるのである。

さらにまた，近年の急速なグローバル化・ボーダレス化の進展，国際社会の相互依存関係の進化が進む中にあって，地域社会といえども，これまで以上に海外に目をむけた，活発でグローバルな社会情報化への取り組みが重要であることは，あえて強調するまでもないであろう。

積極的な情報メディアの利活用は，地域社会と海外との相互関係をますます深め，相互の交流を一層高める役割を果たすことになることから，海外との経済交流を促進し活発化させるためにも，両国双方の経済や企業活動の情報を交換したり共有することを実現する情報通信ネットワークの構築が望まれると同時に，人と人との人的なネットワークを構築することも極めて重要であると考えている。

第2番目として，〈個性豊かで魅力を秘めた〉地域社会を実現するためには，まず，みずからが住んでいる地域社会の魅力を多く発見し，その「物語」をつくることではないかと考えている。

そして，多様で異質な知恵を持った人たちや企業との接触を通して新たな英知をうみ出し，創造的な「知」を高めるためのリアルタイムで双方向の情報のやりとりが可能となるように，情報メディアを有効，かつ効果的に利活用する

ことが求められる。新たな英知や価値をうみ出し，それが連鎖反応を起こして，より大きな力となれば，「新たな活力」となって，個性豊かで魅力を秘めた地域社会の発展を推し進める原動力になる。

　それからまた，より一層，個性豊かで魅力を秘めた地域社会とするためには，社会情報化を一層推し進め，文化やスポーツなど各種のイベント，展覧会や見本市，シンポジウムや講演会の開催，地元テレビ・ラジオ局による自主番組の制作などを活発に展開したり，いろいろな情報メディアを効果的に用いた独自のオリジナル情報を創出し，他の都市へ積極的に発信することも必要であるといえよう。

　第3番目に，〈ゆとりと豊かさに満ちた〉地域社会の実現という点である。この点については，情報通信インフラストラクチャー（社会基盤）の充実・拡大をはかるとともに，各地で構築されつつある県市町村の電子自治体化，すなわち，「電子県庁」や「電子市役所・電子役場」をより一層充実させて，行政事務の効率化，オンラインによる行政手続きなど多様な市民ニーズへの対応と市民生活の利便性の向上などを実現することが，ゆとりと豊かさに満ちた地域社会の実現につながるのではないかと考えている。

　今日，ゆとりと豊かさを感じさせる地域社会の運営には，広く住民に対する積極的な情報公開，政策形成過程での地域住民の参画を促進したり，さらには県と各市町村との役割・責任分担や相互連携などをより適正に，かつまた，促進することが求められるが，このことを可能とする有力な手段の一つとして，積極的な情報メディアの利活用がある。行政サービスの高度化・多様化への対応，地域住民の価値観・ライフスタイルの多様化などへの対応は，どのような地域社会においても，行政が積極的に行うべき重要な事項となっている。

　また，個人の主体性や人間としての〈個性〉を尊重しようとする社会的な機運の高まりなどから，地域社会においても，今まで以上に〈個〉を積極的に発信するチャンスや〈場〉の設定が必要であることはいうまでもないだろう。

　ここで，ひと言付けくわえておけば，日本では，これまで地域社会における生活に必要な道路，上下水道，電気，水道および港湾など各種のインフラスト

ラクチャー（社会基盤）が整備されてきた。そしてまた，情報通信インフラストラクチャーの整備も着実に進んできているが，筆者は，現在，そして将来においても，どのような形態で，どのような規模で社会情報化が進んでも，実際的な身体をおく足場である現実の地域社会を駆逐することはありえず，やはり，はなやかで楽しく，会話しながら多くの住民が相互に交流する地域社会の存在を喪失することはないと考えている。

それどころか，近未来においては，一層，進展する情報通信技術（ICT）を有効に利活用して，現実の住民一人ひとりの日々の生活をしっかり支え，便利に，より人間らしく，人間の尊厳を尊重した「まちづくり」や「地域創成」を行うべきであると考えているのである。

4　産業・企業における社会情報化

(1)　企業経営におけるダイナミックな情報の流れ

産業・企業において，一般的にいう"ビジネスの世界"においては，社会情報化という現象は，他の分野・領域よりもはるかに飛躍的で，かつ急速に進展している。

本書は，「入門」という意味あいから，ごく簡潔に，その基礎的ないくつかの事柄について述べることにしたいが，若干，経営学研究での専門用語を用いざるを得ない。もし，高校生以下の方が本書を手にしている場合は，その点をご勘弁いただきたい。

さて，企業を経営していく上で，いかに「情報」が重要で有意な役割を果たすものなのかという点については，すでに，欧米や日本における多くの研究者が繰り返し強調し，数多くの知識や見識が述べられている。

過去の著名な研究者は，企業経営にとって情報は〈血液〉と同じであるという表現を用いて，情報の重要性を示唆していた。人体における血液の流れが人間のいのちと健康に重要であるのと同様に，ダイナミックな（動態的な）情報の流れは，企業という経営体の健全な状態−企業の場合は正常な維持，存続お

よび発展を意味する－にとって重要であり，企業経営を取り巻く環境が激しい現代においては，ますますその重要性は高まる一方である。

ふた昔ほど前であれば，「情報なくして勝利なし」とか，「情報を制したものが勝負を制する」とばかり，いかにして正確な情報を多く手に入れるかに，多くの労力と知恵を出しあったものである。むろん，現在，このような状況がまったく変化したわけではないが，今日では，情報の入手・収集以上に，どのように情報を利活用するかに力点が置かれているといってよいであろう。

ここでは，企業経営に必要な情報を理解するために，「内部情報」と「外部情報」との二つに分けて考えてみることにしたい。

「内部情報」とは，企業という経営体の内部において必要としたり，経営体の内部で創られる情報のことである。

企業が強い力をつけ，しっかりとした経営を行い発展させるためには，企業構成員（企業構成員とは，一般的にいう社員や従業員のことをさす）同士の非常に密度の高い情報の伝達や交換，必要な情報をともに分かち合い理解すること，すなわち，情報の共有が非常に大切である。なぜなら，企業の目標・目的を果たすためには，企業構成員同士が柔軟で，相互の連携や相互の支援を必要とするが，これを可能とするのは，何といっても情報のダイナミックな流れによるからである。企業構成員同士の相互の連携や相互の支援のあり方は，企業経営にとって極めて重要である。

〈ダイヤモンド〉と〈すす〉とは，ともに同じ炭素原子から構成されていることは周知の事実であろう。

古来より，〈ダイヤモンド〉は宝石の王者といわれ，物質の中でも最も硬度が高く高価なしろものである。一方の〈すす〉のほうは，煙の中に含まれる黒色の粉末で，正月行事の「煤払い」の対象となる厄介ものである。しかし，この両者を分析すると，ともに同じ炭素原子によって構成されている。では，いったい，両者はどこに違いがあるのだろうか。

それは，専門家によれば，成分である原子と原子の結合関係が異なるからだという（半谷高久・秋山紀子，1989年）。〈ダイヤモンド〉のほうは，互いに四つ

の炭素原子が化学結合と呼ばれる関係で強力に結合しているのに対して、〈すす〉の場合、互いに三つの炭素原子は化学結合しているが、それ以外の炭素原子は別の種類の弱い結合関係が作用しているという。このような結合関係の違いが、〈ダイヤモンド〉と〈すす〉との違いの本質的な原因になっているというのである。

　さて、水泳やゴルフなど「個人の力」を争う競技も人気だが、野球やサッカーなど全体の「総合力」を争う競技への人気も高い。野球やサッカーなどの集団競技では、チームを構成するメンバー一人ひとりの力を単純に足し算すると高いチームでも、いざ試合をしてみると絶対勝つとはかぎらないし、実際に格下のチームに優勝をさらわれることもよくあることである。むろん、チームの勝敗にはいろいろな要因があり、一概にはいいがたいが、やはり、チームを構成するメンバー相互の関係のあり様がどうであるか、ということも一つの重要な要因ではないか、と考えられる。

　このことを企業経営に適用すれば、企業構成員の相互の関係のあり様によって、企業全体の総合力が高まり、いわゆる、〈ダイヤモンド〉のごとく強い企業となるか、逆に、企業構成員の一人ひとりの能力が高いにもかかわらず、相互の関係のあり様が適切でなければ企業全体の総合力が弱まり、いわゆる、〈すす〉のようにもなりかねない。

　以上の例からも知れるとおり、企業構成員の相互の関係のあり様に深く寄与する内部情報の流れは、企業経営を積極的に展開する上での重要な成功要因であるといってもよいであろう。

　他方、「外部情報」であるが、外部情報のほうは、内部情報に対応する表現といってよく、経営学では環境情報、あるいは、企業環境情報とも称されるものである。

　企業を維持し存続させ発展させる最重要な要件は、現在、みずからの企業を取り巻く環境が〈どう変化しているのか〉、そしてさらに、今後、環境は〈どのように変化していくのか〉を可能なかぎり、正確に把握することにあるといってよい。

このような状況を把握する手段は，まず最初に自社の外部をダイナミックに流れている情報の入手・収集という行動から開始される。正確な情報がなければ，企業の経営はあり得ない。それは，私たちが，日々，普通の生活を過ごす上で，現在，自分を取り巻いている状況に関する情報なしに，正常に生活を送ることができないのとほぼ同じことである。

　とりわけ，今日では，その連結にいちじるしい強弱があるとはいえ，明らかに世界経済は相互に連携し，相互に依存関係を深めており，その中で世界的な規模での企業経営が積極的に展開されていることは，よく知られているとおりである。

　このような企業経営の国際的な展開に際しては，飛躍的に増加しつつある大量の情報の中から必要な情報を正確に把握し，世界規模での視野から，いろいろな経営資源（経営資源とは，一般的には人，モノ，金および情報をさす）を有効，かつ効果的に利活用することが要求される。しかも，それを企業を取り巻く環境がいつも不確実で，予測しがたい環境の中で行わなければならず，常に，むずかしい判断力と決断力をともなうのである。

　また，従来，世界市場を舞台とした企業の活躍，企業の国際化の進展といえば，その主役はほぼ大企業か，多国籍企業のような超大企業と考えられていたが，近年では，中小企業の国際化の進展，ないしは，中小企業の国際的貢献のあり方なども問われている。

　かくして，大企業であれ，中小企業であれ，自社の経営を健全に発展させようとすれば，継続的に正確な情報を，しかも，短時間のうちに入手・収集して企業内部に蓄積（貯蔵）し，必要に応じて，企業構成員同士での交換や共有を行い，さらには新しく情報を創るという行動が必要となるのである。

(2)　企業経営と進展する社会情報化

　先に，企業経営における情報を内部情報と外部情報とに分けて説明したが，進展している社会情報化は，今日の企業経営に必要な手段を提供し，企業経営の発展に大きな役割を演じている。

　近年，企業による社会情報化投資も，年々増加しその効果もあらわれ，企業における情報システムの導入も活発に行われている。

　進展している社会情報化は，企業組織，就業形態，そして企業経営のあり方などに大きな変化をもたらしている。企業組織では，パーソナル化，フラット化（従来の垂直的，階層的な組織形態から横断的，水平的な組織形態への移行）および分権化といった変化が起こり，インターネットなどを利活用しての職場などから離れた場所で働く「テレワーク」や自宅で仕事をする「在宅ワーク」といわれる新しい就業スタイルも進んでいる。

　そしてまた，社会情報化によって，大幅なコストダウン，特に情報通信コストの削減，あるいは，企業内・企業間の業務処理全体の省力化・正確化・迅速化および意思決定のスピード化が実現し，顧客（消費者）の利便性向上，サービス内容の向上・充実，たとえば，商品情報や入荷情報などの顧客への迅速な提供が実現している。さらには，従来にはなかった新しい事業形態（"eビジネス"と呼ばれるビジネスモデル）も登場している。

　現在の情報通信技術（ICT）は，その適用範囲を拡大し続け，その発展は他の技術への連鎖的累積的なインパクトも強く，企業経営にも広い範囲でその影響が及んでいる。それは，産業・企業の社会情報化を促進する大きな要因であり，その波及効果は，一産業や個々の企業をこえて横断的に拡大していき，相互につらなるような形をとっているのである。

　さて，発展する社会情報化が企業経営に及ぼしているさまざまな影響とその果たすいろいろな役割の相乗効果は，もはや計り知れないほどになっているが，企業経営との関連で重視すべき事柄を要約すると，以下のとおりである。

　まず第1番目に，社会情報化の進展によって，伝統的に行われていた企業と企業との結合，つまり，企業間結合とは性質の異なった異業種企業間の連携関係や業務提携・交流が促進され，非常に密接な情報交換・情報共有による業務範囲の広がりや異なった業種間の相互乗り入れといったことも活発化することが予想される。

　そしてさらに，情報通信技術（ICT）の導入によって企業における情報通信

インフラストラクチャーがより一層充実すれば，従来の業種・業態の枠をこえた新しい産業分野が創出され，伝統的な産業分類，あるいは，明確な産業間の色分け（"すみ分け"ともいう）というものが，ますます不明確なものとなってくるだろう。

第2番目に，先にも指摘したが，企業経営の国際的な展開に際しては，世界的な視点に立って，さまざまな経営資源，たとえば，人，モノ（物質），資金や情報などを積極的，かつ的確に入手するとともに，それらの経営資源を，必要に応じて的確で柔軟に展開する必要がある。しかも，それを国内の企業経営以上に不確実で錯綜した環境の中で実現しなければならない。

パソコン，携帯電話およびスマートフォンやタブレットなどによるインターネットの利活用は，このような企業経営の国際的な展開を行う上で大きな威力を発揮し，世界的な規模での企業経営，あるいは，地球的規模での企業経営をより一層活発なものにしていくものと考えられる。すなわち，インターネットを有効に用いたグローバルな経済的連携は，現在，そして近未来における日本の経済発展の重要なひとつの要因であることは間違いないのである。

第3番目に，発展する社会情報化は，企業の競争上の変化をもたらし，従来とは異なった新しい競争関係や新しい競争形態をうみ出している。

とりわけ，経営上利用される情報システムを重要な戦略ツールとして利活用して，みずからの企業競争力を強化し，競争関係にある相手方企業より優位に立たなければならない。現代の厳しい経営環境の中で，企業が生き残り，企業を持続的に発展させるためには，一時しのぎ的な戦略展開や単純なニッチ（すき間）戦略のあり方など，ある意味で小手先の戦略が通用しない時代となっているのである。

かくして，今日においては，自社の競争優位（性）を確立するために，どのように経営上の情報システムを構築し，有利に利活用するかが企業における重要な経営課題となっており，このような認識が欠如した企業は，企業競争上，決定的に不利な立場におかれることを覚悟しなければならない状況にある。

いまでこそ，〈電子商取引（エレクトロニック・コマース；EC，あるいは，e－コ

マース）〉という言葉やインターネット株取引を知らない人はいないが，これ
らは，インターネットの商業利用が本格化してから日本でも活発化したもので
ある。

　最後に，企業における「電子商取引」についてみてみたい。企業における情
報通信技術（ICT）の導入の方法として，急速に関心を高め重要視されている
のが「電子商取引」である。これもまた，《IT革命》によってもたらされた取
引の新しい姿といえるだろう。

　一般的に，電子商取引というのは，これまで行われていた取引の形態とは異
なり，企業間での電子的な商取引をいう。このような電子商取引は，大きくは，
企業対企業，企業対消費者，そして消費者対消費者との三つに大別される。

　企業対企業（BtoB or B2B）とは，企業と企業との間の電子的な商品取引で
ある。企業対消費者（BtoC or B2C）は，企業から消費者への情報通信ネット
ワークを介した商品販売である。そして，消費者対消費者（CtoC or C2C）は，
消費者と消費者との間の情報通信ネットワークを介した物品売買であり，オー
クション形式をとる場合が多く，さらには，政府調達（BtoG）などの電子商取
引も行われている。

　以上，簡単ではあるが，企業経営と進展する社会情報化の関係について述べ
てきたが，社会情報化がもたらす影響は，いまや企業の存立そのもの（＝生
死）にかかわる重要な役割を演じていることを認識する必要があり，企業が古
い体質にこだわったり，ダイナミックな情報の流れや経営上の情報システムを
軽視や無視するわけにはいかないのである。

第5章

〈サイバースペース〉という世界の拡大

ホタルたちのこんな話し声がきこえました。
「ぼくが先に出ていこうと思っていたところだったんだ。」
「わたしもよ。わたしもいきたかったわ。」
とらえられたガラスのびんの中のホタルが,
「いいんだよ, きみたち, ぼくはすぐ帰ってくるよ。」
と答えるように, パァッ, パァッと光りました。
とべないホタルは, 涙でいっぱいになった目で, みんな
をいつまでも見送っていました。
「みんなが, ぼくのことを思っていてくれたんだ。」
とべないホタルは, もう, ちぢんだ羽のことなんか,
ほんとにどうでもいいと思うようになっていました。

*(小沢昭巳『とべないホタル』より)*7*

1 情報メディア・コミュニケーション

(1) 日常用語としての「コミュニケーション」

　私たちの日常的な生活の中で用いる「コミュニケーション」という表現は, 友人同士, 親と子, 先生と生徒・学生, ないしは, 医師と患者との間の対話や会話, 伝達という意味合いで使用されるごく普通の用語の一つである。

　語学関係の専門家からすれば, コミュニケーション能力とは語学力を意味し,

コミュニケーション問題といえば語学力不足に起因する外国人との接し方の問題などを意味しており，語学関係の書籍にコミュニケーションと題するものも数多く出版されている。

　しかし，学問的には，社会心理学，社会学，組織論および情報研究などさまざまな学問分野の研究対象として，いろいろな角度から積極的な展開や検討が行われている。

　とはいえ，では，「コミュニケーションとは何か」という概念規定はさまざまであり，確固とした定義をみつけることはできない。ひと言で表現すれば，"コミュニケーションは複雑な概念を持つ用語である"としかいえないのが現状であるが，人間や社会におけるコミュニケーションの重要性の認識に関してはおおむね一致している。

　動物は，生まれつき備わった生得的（せいとくてき）な能力（本能）によって，さまざまな生命の維持・存続，種の保存を繰り広げている。動物は，群れをつくり，原初的な家族形成を行うが，動物の社会には都市や企業，経済のグローバル化や社会情報化も経験しない。しかし，人間のほうは，人間と人間とを関係づけるだけでなく，巨大な都市や国家を形成し，そこで活発な社会・経済および文化活動などを行い，社会全体を維持し存続し，そして発展させていく。

　たとえば，現代的感覚でも驚異（きょうい）としか思えないエジプト文明における巨大なピラミッド建設において，そこで使用された道具や装置は，現代からすればかなり幼稚なものであったろう。結局，ピラミッドの完成には，想像できないほどの数多くの人間をきちんと組織化し，長時間にわたって継続させなければ不可能である。その背後には，文字，言語および数字などを用いたコミュニケーションが必要であったことは疑問の余地がないのである。

　いずれにしろ，私たちの社会において，コミュニケーションという用語が日常的に頻繁に使われているにもかかわらず，学問的には統一的な定義づけが存在しないというのも不思議かもしれないが，学問の世界では決して珍しいことではない。

　そこで，筆者は，情報研究の立場に立って，コミュニケーションを情報伝

達・交換として捉え，コミュニケーションとは，複数の人間（2人以上）の存在を基本前提として，直接対面的か非対面的かのいかんを問わず，個々人の行為を通して互いに影響を及ぼしあう，相互的，双方向的という特性を有した一種の動態的な過程であると規定している（村上，1995年）。"過程"とは，時間の流れにともなって生起する一連の連続的な活動の流れのことである。

　少し長めの規定づけであるが，要するに，コミュニケーションとは情報伝達・交換であり，人間と人間との間での情報のやり取りの連続であると考えたのである。

　かくして，この規定からも知れるように，ある情報が右から左へと直線型の単一方向に，ただ流れただけではコミュニケーションが行われているとはいわない。コミュニケーションというのは，そのラテン語の語源に〈共有する〉という意味があるように，単純に情報が一方的に伝達されるのではなくて，当事者双方が情報を共有する過程，つまり，「相互理解」が必要なのである。

　すなわち，情報の発信者（送り手）と受信者（受け手）との区別が固定しておらず，発信者と受信者との役割や立場は相互に入れかわり，すべての当事者が相互に影響しあい，情報の発信者であると同時に，受信者でなければ真の意味のコミュニケーションは成立しない。コミュニケーションとは，双方向的で，情報の連続的な循環がみられ，いわば，"らせん状"の状態をなし，らせん的な軌跡をグルグルとえがきながら「相互理解」を深めていく過程であると考えるべきであろう。

　「コミュニケーションの収束モデル」を提唱し，国際コミュニケーション学会の会長を務めたこともあるアメリカのエベレット・M・ロジャーズは，次のように定義していた。

　コミュニケーションというのは，相互理解のために参画者がお互いに情報を創造し，そして分かち合う過程である。

（エベレット・M・ロジャーズ，安田訳，1992年）

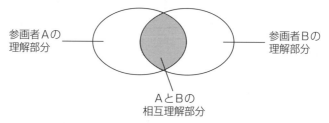

第12図　人間同士の「相互理解」

参画者Ａの
理解部分

参画者Ｂの
理解部分

ＡとＢの
相互理解部分

「コミュニケーション」とは相互理解のために参画者相互が情報を交換する過程であり，ここでは二人の個人の理解が重なりあう部分集合として示されている。

　確かに，いろいろとむずかしい理屈を並べるまでもなく，私たちは，人間として生きていく上では相互の理解が極めて重要であり，複数の〈他者〉との良好な関係を取り結ぶことが必要である。

　むろん，ロジャーズ自身が指摘しているように，相互理解がコミュニケーションの第一義的な機能としても，当事者同士の理解が完全にピッタリ一致することは，どんなに親しい間柄であったとしても，ほとんど考えられないだろう。また，完全に理解が一致しなくても，日常的なコミュニケーションは問題なく成立していると考えられるのである。

　ところで，人間と人間との間のコミュニケーションは，大きく，言語的コミュニケーション（バーバル・コミュニケーション）と非言語的コミュニケーション（ノンバーバル・コミュニケーション）とに分けることができる。

コミュニケーション ── ┌─ 言語的コミュニケーション
　　　　　　　　　　　　└─ 非言語的コミュニケーション

　言語的コミュニケーションは，言葉のとおり，「言語」を用いての人間と人間との間のコミュニケーションである。ここでは，言語そのものに関する厳密な議論はさけるとして，通常，言語というのは，私たち人間を相互に関係づけ連結する大きな役割を演じ，文明，文化および社会・集団の成立の基礎を築くものとして理解されている。その時代その時代に応じて，人間は新たな言語を

つくり獲得して，新しい世界を切り開き，人間の生活をより豊かなものとしているのである。

　他方，非言語的コミュニケーションのほうは，別名，"沈黙のコミュニケーション"とも称されるもので，たとえば，身振り，姿勢，手振り，ジェスチャー，顔の表情，視線の方向（くばり方），対人距離および接触行為など，言語以外のほとんどがその方法として用いられる。

　その他に，私たちが用いるこの種の情報伝達・交換の手段には，衣服，靴，時計，帽子，口紅および香水などの装飾品に代表される人工品（人工物），あるいはまた，社会的地位，職業，部屋の大きさ，カーテン，ライトおよび調度品などの物理的環境なども考えられ，これらも非言語的コミュニケーションの領域に含めることができよう。

　コミュニケーションを二つに区分できるとはいえ，実際の場面では，言語的コミュニケーションと非言語的コミュニケーションとは，同時的に進行して，非言語が言語でいいあらわすべきことを省略したり，誇張したり，あるいは，補足したり強化して，総体的に進められていくのが普通であり，私たちのよく経験するところである。

　ただし，非言語的コミュニケーションは，言語的コミュニケーションに比べて，受信者（受け手）側の主観的解釈や判断の自由度が高いため，時として，発信者（送り手）に対する不信感，偏見，意味の混乱，不正確および誤解といった，いわゆる"障害"の発生がともないがちである。

　しかしながら，非言語こそが心に秘めた真実を伝えてしまうことも経験的に知っている。言語によって伝えられる内容よりも，言語にならないもののなかに，非常に多くの感情や意味，あるいはまた，真意や目的が隠されている場合がある。その意味では，非言語というのは，言語の持つ意味をはるかにこえた役割を演じているとも考えられるのである。

(2)　"つなぎ"広がるコミュニケーション

　さて，私たちが生きていく上で，いかにコミュニケーションが大切かについ

て論じたとしたら，それだけで一冊の本が完成してしまうだろう。

　それほど，重要なコミュニケーションではあるが，このコミュニケーションのあり方，形態およびその範囲が，近年における情報通信技術（ICT）の発展よって，大きく変化し続けている。

　本章の冒頭の引用文の『とべないホタル』は，小学生の間で愛読されている本であるが，ちぎれた羽のために，飛べないでいるホタルがネコヤナギの小枝にとまっていると，その後から小さな男の子が一人，後ろから手をまるくしてしのびよってくるのである。

　その瞬間，小さな男の子の手に，一匹のホタルがわざとおりてくるのである。　そして，男の子につかまえられてガラスのびんにいれられたほたるが，^n"パァッ，パアッ"と光を発する場面である。

　この場合のほたるの"パァッ，パアッ"という光は，明らかに仲間のほたるへの身体を用いた情報発信であり，仲間のほたるに，"心配はいらないよ，すぐ戻るから"というメッセージを伝えたのである。

　これは，あくまでも，一つの物語上の事柄なので，この点を捉えて論ずることではないが，この場面は，明らかにほたる同士のコミュニケーションの大切な場面である。

　人間同士のコミュニケーションとは異なるが，広い意味での，ある種のコミュニケーションは，動物においても行われていることがすでに知られている。たとえば，昆虫のフェロモンと呼ばれる化学物質のにおい，カエルや鳥の鳴き声，魚の色の婚姻色やミツバチの密源を伝えるダンスなど，あくまでも本能的なパターンによって行われる動物固有のある種のコミュニケーションが行われている。

　だが，その範囲はさほど広いものではない。先ほどの物語のほたるの場合であれば，"パァッ，パアッ"という光が届く範囲がほたる同士のコミュニケーションの可能な範囲ということになる。

　人間同士のコミュニケーションの場合も，直接対面的なコミュニケーションであれば，その有効な範囲はごくかぎられている。しかしながら，第3章で，

《IT革命》についてふれたとおり，近年においては情報通信技術（ICT）が飛躍的に発展している。《IT革命》というのは，別名，《インターネット革命》，あるいは《コミュニケーション革命》とも称されるように，コミュニケーションのあり方を劇的に変化させているのである。

　先ほど，筆者は，コミュニケーションとは複数の人間（2人以上）の存在を基本前提として，直接対面的か非対面的かのいかんを問わないことを述べたが，とりわけ，今日の情報通信技術（ICT）の発展は，"非対面的"なコミュニケーションに関して，過去に例がないほどにそのあり方を急激に変えたのである。それには，高度な情報通信機能を備えた情報メディアの発展・普及が極めて大きく影響している。

　さて，現代の多様で多彩な情報メディアの中でも，人びとの所有率も高く，日常的な私たちの生活の場面で，"つなぎ"広がるコミュニケーションを最も実現しているのは，何といってもパソコン，あるいは，携帯電話やスマートフォンといってよい。

　私たちの社会に急速に普及している携帯電話は，当初，自動車電話としてスタートしたが，つい最近では電子マネー端末としての機能も追加されつつあり，従来の「電話」が持つ機能をこえた情報メディアとして，さまざまな分野・領域において，私たちの生活を大きく変えつつあることは，あえて説明するまでもないであろう。

　ご承知のとおり，携帯電話をはじめ，スマートフォンやタブレットなどの情報メディアは，短い期間で，機能を改善した新しい機種がつぎつぎに誕生し，また，大手電気通信事業者や大手移動体通信事業者間での激しい競争により，それぞれ特色のあるサービスが提供されている。消費者の視点からみれば，次はどのようなサービスの提供が行われるのか，と心待ちにしている状態である。テレビやスマートフォンなどからも，若年層から高齢者層までの消費者の心を引きつけるような魅力あふれるコマーシャルが常に流されている。

　コミュニケーションにおいて，携帯電話をはじめ，スマートフォンやタブレットなどの情報メディアが私たちの行動を最も変化させた点は，何といって

も，本来の"直接，会って話す"という場所と空間の解放につきると考えられる。移動性（モバイル性）と個別性（パーソナル性）という特性を有する情報メディアによるコミュニケーションは，時間的にも，その頻度においても，確実にコミュニケーションの割合が高まり，しかも，心理的な負荷も回避され，"非対面的"でありながら，その距離感を感じることもない"デジタル・コミュニケーション"という一つの新しい領域を形成しているといってもよいであろう。

　特に，数多くの友人とのコミュニケーションを日常茶飯事に求める若年層にとっては，家族や職場の人たちを介さずに声または文字を用いて，いつでも，直接，本人とコミュニケーションを可能とする情報メディアは，かぎりなく魅力的であるといえよう。若年層を対象としたある調査によれば，携帯電話やスマートフォンの所持によって，友人・知人数の増加，同性・異性の友人との連絡の増加，親密感・安心感の増加という項目で，高い割合が報告されている。

　また，社会における人間関係は，極めて複雑である場合が多い。そのような中にあって，その場面，その場面によって，適切なコミュニケーションを行うことが求められている。そのような時にも，個人をつなぐ情報メディアは心強いツールである。

　それにしても，筆者などは，携帯電話というものが普及しだしたころ，"いつでも，どこでも，誰とでも，直接につながる"ということが，これほどまでに私たちの行動を変化させる要因になるとは想像もし得なかったというのが，正直なところである。

　もはや，現代に生きている数多くの人たちは，パソコン，あるいは，携帯電話やスマートフォンなしの生活は想像もつかないであろうし，正常な生活が成り立たないといっても，あながち間違いではないように思うのである。

2　情報メディア・コミュニティの形成と拡大

⑴　〈サイバースペース〉における「コミュニティ」の形成

　今日では，〈サイバースペース〉や〈ヴァーチャル〉という用語を聞いても，違和感を感ずることはない。

　しかし，このような用語が最初に登場したころ，恥ずかしながら映画関係の専門用語かゲームの種類と勘違いしていたのは，筆者のみではないかもしれないと思っている。もし，そうであるならば，筆者の仲間がいたことに一安心したい気持ちである。

　〈サイバースペース〉とは，一般的には，日本語で〈電脳空間〉という訳がつけられるが，コンピュータによってつくりあげられた人工的な電子的空間といったほうが，より理解しやすいだろう。〈サイバースペース〉の最大の特徴は，“時間と空間の超越”であり，インターネットや電子メールなどを日常的に利活用している現代にあっては，パソコンあるいは，携帯電話やスマートフォンの電源を入れたとたん，それらを利活用しているすべての人たちは，もはや〈電脳空間〉の住人でもあるということになるのである。

　確かに，今日では珍しい用語でもなくなったが，もともと〈サイバースペース〉という用語は，アメリカのSF作家ウィリアム・ギブソンの小説から生まれたとする紹介が多くの専門家によってなされている。

　この〈サイバースペース〉という用語が最初に登場したころは，近年発見された“新大陸”，“新世界”，ないしは，“新しい宇宙”という表現を用いた人たちもおり，電子的空間の中を旅券なしに自由自在に移動することができるという，不思議なイメージを植えつけられたものである。

　アメリカのマイケル・ベネディクトは，〈サイバースペース〉について，次のような魅力的な表現を用いて，その意味するところを説明していた。

これまで地球上に決して出現したことのない光景，音，存在の現前(げんぜん)が今や広大な電子の夜のなかに花開きつつある。

　純粋な情報の王国。それは湖のように豊かで，物理世界を変革するメッセージのジャングルのなかから情報を吸い上げ，自然や都市の景観を汚染から救済する。

（いずれも，マイケル・ベネディクト，NTTヒューマンインタフェース研究会ほか訳，1994年）

　さて，近年では，このような〈サイバースペース〉の中に，さまざまな「コミュニティ」が形成されていることはご存じのとおりである。

　「コミュニティ」という言葉は，どこかのどかで平和で豊かな人間関係から成り立っている地域の共同体，というイメージをともなって語られる場合が多いように思う。ここでは，「コミュニティ」に対する言葉の詮索(せんさく)はさけ，「コミュニティ」を「複数の人たちがお互いに共同で生活する一定領域」としておきたい。

　先にも述べたように，情報メディアの普及によって，複数の人間が同一の時間に同一の場所にいて，直接対面的に情報をやりとりするという旧来のコミュニケーションに関する必要条件がなくなっているが，「コミュニティ」に関しても同様のことが起きているのである。

　すなわち，従来，「コミュニティ」といえば，大都会であろうと，地方であろうと，ある一定の土地に実際に住居し，日常的な人間関係が形成されている必要性があった。

　ところが，近年では，従来の人間の存在感や遠近感を変化させ，新しい形態の「コミュニティ」をうみ出しているのである。情報メディアを利活用することによって，従来の時間と空間の制約から解放されて，共通の目標や関心をもった人間同士が〈サイバースペース〉の中で出会い，一つのあつまりを形成し，望む相手との情報の交換や情報の共有が可能となったのである。

　偶然に同じ地域に住み，自分の住居が近いという理由だけで，そこに住む人たち同士で，お互いに緊密な関係がうまれ，良好な交流がいつも成立するわけではない。逆に，住居が近いがゆえに，自分自身では好まないにもかかわらず，同じ組織的なつきあいを余儀なくされ，やや窮屈な思いをしたり，近所の関係が悪化して，日々の生活さえ支障をきたすという事例は，いくらでも現実にあり得ることである。

　承知のように，現在は，地方においても過疎化，核家族化および少子高齢化が進み，伝統的に維持されてきた相互支援的な共同体的関係がうすれつつあるといわれている。ましてや，大都市ともなると，もともとその土地に生まれた人たちは別として，日々の生活自体に連帯性がなく，個々別々の生活パターンを過ごす場合が多いため，従来のイメージでの「コミュニティ」という名に値する関係は形成されていないのが現実であるといえよう。

　このような場合，情報メディアを用いれば，住んでいる土地，また，地縁や血縁，あるいは，学校や職場など社会的な縁で結ばれている人間関係を飛びこえて，新しい“情報縁”を築くことが可能である。

　この“情報縁”は，基本的には，誰でも自由に平等の立場で，しかも自分のペース－ある時（あること）には積極的に，また，ある時（あること）にはややひかえめに－行動することができる。そこには，これまでの生活では不可能だった新しい関係を開拓する可能性も高まり，やや大げさに表現すれば，新たな生活の構築をも意味するのである。

(2)　〈サイバースペース〉における「コミュニティ」の拡大

　今日，急速な情報メディアの発展にともなって，情報メディアを媒介とした〈サイバースペース〉を共有する形で形成された「情報メディア・コミュニティ」が，日本を含めて世界中いたる所で急速にうまれ，しかも，どんどん拡大し続けている。

　現実の地球の中に，情報メディアによる制限も限界も感じないもう一つの地球がつくられ，この地球の中に情報メディア・コミュニティがいく層にも重

なって形成されているのである。

　このような新しい形態のコミュニティは，"ヴァーチャルな情報メディア・コミュニティ"と呼ばれている。ヴァーチャルは「仮想」と訳されるので，ヴァーチャルな情報メディア・コミュニティを，あえて日本語に訳すとすれば，"仮想上の共同体"ともいえるかもしれない。

　これに非常に類似した用語としては，アメリカのゲーリィ・ガンパートが，いまから20年ほど前に「地図にないコミュニティ」という用語を用いており，また，アメリカの作家・ジャーナリストであるラインゴールドは，「ヴァーチャル・コミュニティ」という用語を使用したことで知られている。日本でも，情報メディア・コミュニティに関する議論は盛んに行われているが，日本では，「電子コミュニティ」，あるいは，「ネットワーク・コミュニティ」という用語を用いている文献が多いように感じられる。

　ゲーリィ・ガンパートは，次のように指摘している。

　　孤立化した個人の集団が，たまたま同じ地域に住んでいるからといって，お互いに心の絆を結び合うとはとても思えない。たまたま住居が近いというだけで近隣関係が生まれたり，コミュニティが出現するという訳にはゆかないのだ。そうなるためには，団結と連帯の触媒として作用すべきニーズと機会が必要なのである。

（ゲーリィ・ガンパート，石丸訳，1990年

なお，ルビは筆者による）

　情報メディア・コミュニティでは，人種，身体的な容姿や服装にとらわれず，あるいはまた，みずから公表しないかぎりは年齢，学歴，職種，ないしは，身体的障害の有無といった自分の社会的属性や社会的役割を意識することなく，平等の立場での交流ができる。したがって，〈サイバースペース〉の中では，現実の可視的な視点からの評価を受けることもなく，その解放感と平等感ゆえに感性や想像力が豊かに解き放たれるため，内面に秘めた可能性をかぎりなく

発揮し，自己表現を高めるという可能性を持っているのである。

　ただし，電話や手紙といった旧来型の情報メディアによっても，お互いの交流や情報の交換は行われ，すでにかなり以前から情報メディア・コミュニティが形成されており，〈サイバースペース〉などという言葉を持ち出さなくてもよいのではないか，という考えもありえよう。極端にいえば，のろしや楽器を用いても，ある程度の地理的な制約をこえて情報を伝達し，お互いの関係を深めているとも考えることができるのである。

　しかしながら，今日，普及している情報メディアは，伝達・交換する情報の量が膨大であり，その情報の形態も多彩である。コミュニケーションのあり方を変化させ，人間の思考や感情的，感性的および感覚的な面にも大きな影響を及ぼしている。このような意味においても，従来の情報メディアとは顕著な格差があることはうたがい得ないのである。

　今日，形成されている情報メディア・コミュニティの目標や目的，意図，あるいは，コミュニティの形はさまざまである。

　たとえば，地域社会における生活問題や地域のごみなどの環境問題などを取り上げ，その問題解決のために広範囲に情報を交換し合うといった問題縁から形成された「問題縁共同体」がある。

　また，若い主婦層が育児など共通の関心事や知的な目的意識をもって形成した「知縁共同体」と称しえるような集まりもある。さらには，複雑な人間関係から生じる精神的な苦痛，家庭内の悩み事などを交互にわかち合い，共感し合い，その対処法を話し合うことなどを目的とした「共感共同体」，ないしは，「共鳴共同体」と称し得るような情報メディア・コミュニティなどもいたるところで存在している。

　さらに，最近では，あえて，情報メディア・コミュニティとは称しなくても，"○○○ネットワーク"という表現を用いてつどっている集まりも数多い。筆者から言わせれば，"○○○ネットワーク"という表現での集まりも，同じことと考えている。

　いずれにしろ，どのようなコミュニティであれ，意識的な目標や関心事など

の絆が存在し，みずからの意思での自由な参加や交流と活動が可能な集まりで
あるだけに，むしろ，現実の人間関係をより円滑にし，そのことが土地で結び
ついているコミュニティを活性化させる可能性も否定できない。

　すなわち，情報メディア・コミュニティの住人であっても，現実に住んでい
る土地の住人であることには，何ら変わりはない。

　いつも，情報メディア・コミュニティの住人として〈サイバースペース〉に
逃げ込むのではなく，情報メディア・コミュニティで得た知識や知恵を出し
合って，薄れつつある実際のコミュニティを新しく再構築したり，これまでに
なかった新たな取り組みに目ざめたとすれば，情報メディア・コミュニティの
存在意義は極めて大きい。現実のコミュニティを豊かなものとするためにも，
ぜひ，そうあってほしいものである。

3　"ヴァーチャル"と"リアリティ"の間で！

(1)　"ヴァーチャル"をめぐって

　"ヴァーチャル"（仮想）という言葉は，私たちに，はなやかな印象をまき散
らしている反面，これは何かあやういという，人間の持つ直観にも似た危険な
匂いも濃厚に感じられる用語である。

　ある研究者の指摘によれば，現在の用法での"ヴァーチャル"という言葉は，
ソフトウェア・エンジニアリングからきているが，この言葉の起源は中世ヨー
ロッパにさかのぼり，中世の論理学者ヨハンネス・ドゥンス・スコトゥスがも
ともとの意味を与えた，と説明している。

　"ヴァーチャル"という用語から，すぐ連想できるのが，"ヴァーチャルリア
リティ（Virtual Reality；VR）"であり，これは仮想現実感と訳されている。同
じ意味をもって使用されているのが，"アーティフィシャルリアリティ（Artificial
Reality；AR）"で，こちらは人工現実感という訳が行われている。

　実際的に，"ヴァーチャルリアリティ"とは，コンピュータ上でつくりだし
た仮想空間を，人間が五感を通じて，あたかもその空間にいるかのような感覚

での疑似体験を可能とする最先端のシステムの総称である。

　本来は，アメリカにおいて，軍事・宇宙関連分野で研究され，開発・利用されたのが始まりといわれている。"ヴァーチャルリアリティ"は，私たちの現実の世界での体験に匹敵するか，あるいは，現実には体験不可能な体験を人間にさせてくれるような新しい技術であり，現実の世界ではとうてい得ることのできない五感の刺激や快感をもたらし，その不思議さを持って私たちを魅了するものである。

　そして，それによって人間の思考や想像力（イマジネーション）が触発されてさらに増幅し，現実にはとても不可能と考えられるような事柄や表現をつくり出したり，あらたな情報を創造する可能性も高まることが予想される。そのことは，私たち現実の世界に生きている人間に対して強力な影響を与え，計り知れない可能性を引き出す前代未聞の電子的な空間であると考えることができるであろう。

　最近では，さほど現実感や臨場感のとぼしいものまでもが，"ヴァーチャルリアリティ"というネーミングがつけられたりするケースも多少みうけられる。それだけ，"ヴァーチャル"や"ヴァーチャルリアリティ"に対する各方面からの注目度も高く，興味や関心をわき立たせる新たな技術であるという証拠でもあるだろう。

　このようなヴァーチャルリアリティにかかわる技術の応用は，宇宙体験やレーシング体験といったゲームなどのアミューズメント分野において顕著であるが，近年では，経済分野，経営分野，教育分野，建築分野，医療分野，スポーツ分野および物理学・工学分野など広範囲な領域でその利活用の方法が考えられている。

　たとえば，三次元コンピュータ・グラフィックスで構成された「仮想美術館」では，見学者がパソコンを操作して，大画面に映し出された美術館内を自由に歩き回り，自分がみたい好みの絵画をハイビジョン画面で鑑賞することも可能である。

　また，経済分野では，法人としての一つの企業ではなく，個人，さまざまな

分野のグループおよび企業が競争力の高い商品やサービスをつくり出して販売する"ヴァーチャル・コーポレーション（仮想企業体）"が出現している。一時期は、このような"ヴァーチャル・コーポレーション"を未来型企業、ないしは、未来型経営と称して話題となったが、現在では、"未来型"ではなくなっているのである。

　さらに、あたかも自分が街の中を歩くようにパソコンの画面の中にはいり込んで商店やショーウインドーを探索し、商店の棚のある商品を眺めたり、時には気に入った洋服を試着しながら買い物ができる"ヴァーチャル・モール"（仮想商店街）や"ヴァーチャル・ショップ"などもある。大規模な商業施設をオープンする場合、法律によって明確に規制されているが、〈サイバースペース〉の中でのヴァーチャルな店舗開設はこの規制の対象とはならない。現代の経済分野における、いわゆる、"仮想の経済活動化"とも"企業の仮想化"とでも称し得るような現代のヴァーチャル現象は、これまでの企業経営ないし経済活動の仕組みに大きな影響を与えている。

　経営分野では、わりと早い段階から、ビジネス用語として、"サイバービジネス"や"e－エコノミー"といった表現も用いられており、さまざまな分野・領域の中でも、経営分野における"ヴァーチャル"への反応は早く、その応用や適用の仕方も多様である。

　教育分野においては、"ヴァーチャル・カレッジ"ないし"ヴァーチャル・ユニバーシティ"ともとれる講義形式での大学が運営されている。学校教育のあり方や指導方法などに関する慎重な議論は必要であるとしても、生徒・学生だけでなく、一般社会で働きながら必要な複数の専門知識を身につけたいと切望する社会人（主婦層も含めて）にとっては、その可能性を広げる機会ともなり得よう。

　"ヴァーチャル"にかかわる技術の発展に関しては、人間による技術の偉大な進歩として高く評価できるものであり、新しい時代を切り開く無限の可能性や将来性、そして、計り知れない影響力を持っていることは否定しがたい。すでに私たちは、知らず知らずのうちに、"ヴァーチャル"にかかわる技術の恩

恵を受けて便利で豊かな生活を過ごしているのである。

(2)　それでも私たちは“リアリティ”を生きている

　“ヴァーチャルな情報メディア・コミュニティ”や“ヴァーチャルリアリティ”の人間に与える素晴らしい影響や効果に関しては，もはや数多くの文献が公表され，その魅力は尽きることがない。

　しかしながら，どんなに“ヴァーチャル”という空間が素晴らしく，社会に対する貢献とその可能性が大きいとしても，私たち人間は現実（“リアリティ”）を生きる生身の人間であることについて，今一度，ここで考えてみたい。

　“ヴァーチャル”な世界を〈仮想世界〉とすれば，これに対面する用語として“リアリティ”な世界を〈現実世界〉としたいが，〈現実世界〉というのは，私たちがみずからの身体を通してリアルな〈生〉を営む日々の生活の重要な場なのである。

　しかしながら，〈仮想世界〉の住人としての自己が，人間の意識の中で大きな位置を占め，現実世界の方がリアリティを失い，仮想空間にリアリティを感じるようになった場合，現実の日々の生活における人間関係や人間同士のさまざまな約束事をゆがめないともかぎらない。このような状態が強まった場合は，日々の生活に対する「社会的不適応」という症状となってあらわれる。

　あえて指摘するまでもなく，近年では，携帯電話やインターネットが若年層の出会い探しの場に用いられる傾向が増えつつあり体験者も多い。これは，制約された時間とかぎられた生活空間から出会いの機会がなかなかないということも一因であるが，他方で，窮屈なそれまでの人間関係や一定の集団の秩序から脱して，新しい出会いを求め，共感が得られる新たな〈他者〉の存在を求めているという側面を否定し得ないであろう。

　とりわけ，ヴァーチャルな情報メディア・コミュニティの住人となるのは，ある種のわずらわしい現実の人間関係をさけながらも，人間に親しみを求め，付き合いを広げたいという，現代の社会に生きる複雑な思いがみえ隠れしている。したがって，情報メディア・コミュニティは，いろいろな討論や情報交換

など知的な活動の場としての機能だけではなく，一種の精神的な安定を回復する空間でもあり，精神的な安らぎの場としての機能をも有しているとみることができるのである。

　むろん，このような情報メディア・コミュニティの機能を排除する必要はまったくない。日々多忙で，わずらわしい場面の多い現代の社会において，一時的にしろ，精神的にくつろげ，安らげる空間があり，自己の存在を確認する空間があることは，むしろ好ましいことといえよう。

　しかしながら，仮想世界をめぐっては，多くの専門的な研究者から，いくつかの懸念の声が高まっているのも事実である。その点を簡潔にまとめると，以下のような内容になる。

　第一に，最近では，私たちが自分の身体を通して知覚したり認識した現実のほうが活き活きとしたリアリティを失い，コンピュータによってつくられた〈サイバースペース〉の中の"仮想上の像"のほうに実在感をもってしまうという懸念である。つまり，真の"リアリティの喪失"という現象の問題として指摘されている。

　特に問題視されているのは，〈生〉と〈死〉の実在感が分からなくなるという恐ろしさである。

　第二に，この点もよく指摘されているが，仮想世界に長く滞在して浸り続けているうちに，"現実"と"仮想"との倒錯が起き，仮想世界を現実世界と錯覚する，仮想上の像を実像と錯覚する，といった危険が大きくなり得るという問題である。

　"現実"と"仮想"とが，本当に"反転"するのだろうか。現実世界と仮想世界，あるいはまた，仮想上の像と実像とをはっきり区別できなくなるということが本当に起きるのだろうか。この点については，研究者によっても見解が一致していないように思えるが，現実には，このような倒錯を思い起こすような青少年や子どもたちの事件が実際に発生しており，研究の成果が待たれるところである。

　第三に，"ヴァーチャル"という空間の魅力にひかれて，知らず知らずのう

ちに，"ヴァーチャル"という空間を過大評価してしまい，現実世界での実際のさまざまな関係を忘れて，現実に適応できなくなってしまうという問題も指摘されている。

　実際の事件までには発展しなくても，あまりにも，仮想世界での居心地が良すぎるあまり，現実の生活で出会う隣人が遠くの存在になり，身体と身体とをふれ合う人間関係がうまくいかないようであれば，やはり大きな問題であるといわざるを得ない。

　そして，現実と非現実とのはっきりとした区別ができず，仮想世界を逃避の場とするようであるなら，決して喜べる状況とはいいがたい。このような状態が持続すれば，現実世界において，一種の混乱や倒錯が発生して，結果的に，奇妙な問題行動としてあらわれかねないからである。

　"ヴァーチャル"が，電子の「麻薬」の役目を果たすようであれば，仮想世界との上手な付き合い方を考える必要は大きいといえよう。

　確かに，大人になってからパソコンや携帯電話といった情報メディアにふれた世代と，ごく小さいころから，いつもパソコンや携帯電話にふれコンピュータ・ゲームに熱中している世代とでは，当然ながら，その情報行動に少なからず違いが生ずることは否定できない。

　かくして，仮想空間に対する感覚，考え方および利活用の仕方などにおいても，年齢差ないし年代差という要素を十分考えなければ，あやまった判断をしかねない。

　しかしながら，筆者は，このような時代にあっても，〈それでも，"リアリティ"を生きている〉のが人間なのだ，と強く主張したいのである。

第 6 章

高度情報社会におけるいくつかの問題

> 私は，何によらず，動機というものはすべての人間の犯す罪に
> おいて，いちばん大事な点ではないかと思っています。動機の
> ない犯罪というものはありません。そして，動機のある犯罪は，
> 人間がもっとも究極の立場におかれたときの性格の現われでは
> ないかと思います。したがって，動機を追及するということは，
> すなわち性格を描くことであり，人間を描くことに通じるので
> はないかという考えを持っているのであります。私はいままで
> 推理小説の短編を相当書いてきていますが，そのほとんどが，
> 動機を発見することからはじまったものであります。
>
> （松本清張『私のものの見方考え方−私の人生観−』より＊8

1 現代におけるコミュニケーションをかいまみると

(1) 身近なコミュニケーションのむずかしさ
　−伝わらない，理解されていないということ−
　「コミュニケーション」というものをどのように定義づけ，規定しようとも，
コミュニケーションが人間の存在や行動，社会の形成や発展を可能ならしめる
基礎的な必要要件であることを否定することは不可能である。
　学問的には，現代においても，コミュニケーションの全体像を捉えることが
できず，研究対象として尽きることはないが，コミュニケーションの全体像を

捉えようとする研究は，とりもなおさず，私たちがこの世に生まれて，ただちに複数の人間との相互関係を結ぶ社会的な存在としての人間そのものを問い，社会の現在と近未来の姿やあり様を考え，深い部分で論ずることでもあることだけは述べておきたいと思う。

　さて，情報通信技術（ICT）によってさまざまな情報メディアが登場し，人間と人間とのコミュニケーションの機会を飛躍的に高め，その幅を大きく拡大させているが，その一方で，私たちのコミュニケーションの"質的な面"についてはどうであろうか。このコミュニケーションの"質的な面"に関する検討の必要性について，多くの著名なコミュニケーション研究者の間からも声があがっている。

　コミュニケーションの"量的な面"，それは，コミュニケーションの頻度・回数などであるが，この点に関しては，さまざまな情報メディアの登場と利活用によって，従来とは比較にならないほど明らかに向上している。

　しかしながら，第5章において，コミュニケーションとは，いわば，"らせん状"の状態をなし，らせん的な軌跡をえがきながら「相互理解」を深めていく過程であると紹介した。職場，友人，家庭および地域社会という場で，相手に対して，正確に自分の意見内容や真意を伝え，信頼関係を築きながら，相互に，お互いを受け入れ理解していくという本当のコミュニケーション，つまり，"質的な面"が失われている懸念が起きているのである。

　新約聖書の中に，どんなに素晴らしい表現で話をしても，そこに愛がないなら「やかましいどらや，うるさいシンバルと同じです」（コリント人への手紙第一13章1節）という言葉がしるされている。情報のやり取りという量が多く，広い範囲までおよぶといっても，それで本当に自分の意見内容や真意が伝わっているかどうか，自分が理解されているかどうか，という事柄とは，必ずしも一致しないのである。

　先ほど紹介したゲーリィ・ガンパートは，この点について，次のように指摘している。

　たとえグローバルなコミュニケーションが得られても，真に身近なコミュニケーションが失われるとしたら，これは深刻な問題だ。個人とその家族・隣人・友人との間の人間関係が明らかに修正を迫られている。何を優先すべきか，いかなる価値観を持つべきかを検討しなければならないだろう。しかるべきメディアさえ選択すれば，常に誰とでもコミュニケーションができるこの社会のなかにいて，やはり孤独だとはいったいどうしたことなのだろうか。

（ゲーリィ・ガンパート，石丸訳，1990年）

　ガンパートのいう「グローバルなコミュニケーション」とは，さまざまな情報メディアの登場によって実現した世界規模でのコミュニケーションを意味している。

　確かに，多彩な情報メディアは，先に述べたように，本来の“直接，会って話す”という場所と空間を解放し，“非対面的”な形でのコミュニケーションを広げている。その有効性を否定するものではないが，もし，多くの研究者が指摘するように，真のコミュニケーションが失われる懸念があるとすれば，直接対面的な形でのコミュニケーションの減少に起因している面があるのではないか，と考えられるのである。

　直接に会う形でのコミュニケーションであれば，相手の顔の表情，視点の方向（配り方），身振りやジェスチャーなど「非言語」によって，いいあらわすべきことを補足して，相互理解の実現をはかることができる。「非言語コミュニケーション」に関する著書をあらわしているアメリカのマジョリー・F・ヴァーガスが指摘しているように，「非言語」というのは，場合によっては，“言葉よりも強く”語りかけてくるものである。そしてまた，その場の雰囲気，一緒に食べている飲み物や食べ物といった要素もまた，お互いの理解を深めることに影響を与える。

　しかし，情報メディアを用いての声ないし文字といった情報のやり取りだけでは，顔と顔を突き合わせ，手と手を取り合い，ひざを交えてのコミュニケー

ションでないがゆえに，大切な「非言語」的要素は伝わらず，その場の雰囲気といった感覚的に肌で感じる要素は読み取れない場合も多い。

そこで，言語や文字以外の情報による微妙な感情を伝えたり，読み取ったりすることができずに，いきおい，思わぬ誤解が生じたり，お互いに攻撃的な悪口合戦が激化しやすくなることもあるといわれている。また，コミュニケーションの相手が生身の人間であることをいつの間にか忘れて，ついつい感情や表現がエスカレートしてしまい，情報メディアを用いてのコミュニケーションのほうが，実際に会っている時よりも，激しいやり取りに発展することが珍しくないのである。

コミュニケーションを行う相手の顔を含む身体が，まったく視覚的にみえないということは，複雑化する社会において，実は非常に恐ろしいことであることも認識すべきであろう。

(2) コミュニケーションと「生きる力」

先に，情報メディアを用いてのコミュニケーションに関する懸念についてふれたが，情報メディアを用いてのコミュニケーションにおいても，心の温かさやぬくもりが伝わるように情報の表現形態を考え，相手の感情や立場に関しても敬意と配慮をおこたらない姿勢が求められよう。その点では，対面的なコミュニケーションよりも，非対面的なコミュニケーションのほうが，より成熟した大人の対応が必要であるといえるのである。

以下においては，現代におけるコミュニケーション問題に対するその解決方法を学問的な見地から考えるのではなく，私たちが生きていく上で，必要とするコミュニケーションとはどのようなものなのかについて，新ためて考えてみたいと思う。

1910年8月27日に，ユーゴスラビアの古都スコピエに住む商人の家庭に，一人の少女が誕生した。その名は，アグネス・ゴンジャ・ボワジュと名づけられたが，この少女こそ，のちにインドの大都市・カルカッタで，長年，貧しい人たちの救済活動を行い，ノーベル平和賞を受賞したことでも知られる偉大な女

性マザー・テレサその人である。

　マザー・テレサは，どのような思いで，長い間，インドのカルカッタで貧しい人たちの救済活動を行ったのだろうか。その一面を知る文章がある。

　　人間にとってもっとも悲しむべきことは，病気でも貧乏でもない，自分はこの世に不要な人間なのだと思いこむことだ。そしてまた，現世の最大の悪は，そういう人にたいする愛が足りないことだ。マザー・テレサはそう確信している。

　　だからマザーは，世間に見捨てられ，身も心もズタズタになって路上に倒れ伏し，死の寸前に運び込まれてきた，ボロ切れのようなひとりひとりのからだを丹念に洗い清め，髪を短く刈ってやり，粗末ながらも清潔な衣服に着かえさせて，ベッドにそっと横たえてやる。しっかりと手をにぎり，話すこともできない瀕死の人には目で語りかけながら，ゆっくりと暖かいスープを口にはこんでやる。

　　「あなたも，私たちとおなじように，望まれてこの世に生まれてきた大切な人なのですよ」

　　マザーは，そう話しかけながら，もう一度力をこめて手をにぎる。

　　　　　　　　　　　　　　（沖守弘，1981年。なお，ルビは筆者による）

　マザー・テレサがつくった施設であるヒンディ語で〈ニルマル・ヒリダィ（清い心）〉と呼ばれる〈死を待つ人の家〉に運び込まれる人たちはあとをたたない。しかし，マザーは，ここに運び込まれて死を待つばかりの人たちに対して，体を洗い，スープを飲ませ，やさしく手を握って語りかけたのである。

　コミュニケーションは，何も言語だけを用いるものではないことはすでに述べたとおりである。

　第3章でも説明したように，人間が最初に用いた情報メディアは，ほかならぬ人間の身体そのものであり，目で語りかけたり，手を握るという行為は，非言語的コミュニケーションの中でも，非常に大切なコミュニケーションといえ

るだろう。

　いのちを持っているものは，死の直前まで「生きる力」があり，人間としての成長があるといわれている。たとえ，この地上で生きるいのちが，あとわずかであったとしても，「生きる力」を光輝かせることは，人間としてとうとい行為である。新約聖書の中に，「私たちもまた互いに愛し合うべきです」（ヨハネの手紙第一4章11節）という記述があるように，〈他者〉を愛して，その手伝いをし，〈他者〉と響き合いながら支えることもまた価値ある行為であることは間違いない。理解をより深めるためには，相手の立場をわかろうとする愛の気持ち，思いやり，やさしさが必要なのである。

　もう一つ，コミュニケーションと生きる力について考えてみよう。

　アメリカのベストセラー作家リサ・T・バーグレンの作品に，『わたしがママのこでよかった？』という題名の絵本がある。この絵本は，最初から最後まで，“ルル”という名前の白クマの子どもとその母クマの会話によって構成されている。つまり，子どもと母親との心温まるコミュニケーションをあらわした絵本なのである。

　もう夜になり，そろそろ眠ろうとベッドに入った時になって，白クマの子ども（“ルル”）は，自分がどこから生まれたのか，そして，自分が生まれた時，パパとママはどんな気持ちだったのか，などについて母クマに質問するのである。実際に，自分が子どものころ，一度や二度は，母親に同じ質問をした方も多いことだろう。

　　　「あのね，ママ……ママは，ルルがママのこでよかった？
　　　それとも，あざらしのサミュエルとか，
　　　きつねのフレドリカみたいだと，もっとよかった？」
　　　「いいえ，けっして。ルルがママのこで，ほんとうによかったわ。
　　　パパとママは，せかいをそっくりあげるといわれても，
　　　ルルをてばなしたりしませんよ」
　　　「どうして？」

「だって，ルルは，かみさまから，パパとママへのおくりものだもの」

（リサ・T・バーグレン，2001年）

　母クマの言葉を聞いた白クマの子どもは，すっかり安心して眠りにつくのであるが，子どもに対する母クマの言葉ほど，これから生きていこうとする白クマの子どもにとって，その「生きる力」を高めたものはないであろう。

　現代という厳しく，時間的にもあわただしい社会であるからこそ，人間の「生きる力」を高めるコミュニケーションは極めて大切であり，このようなコミュニケーションが親と子，友人同士，仲間同士，教師と児童・生徒ないし学生において，日常的に行われていれば，現代で起きている児童・生徒ないし学生，そして高齢者の孤立や孤独，疎外感といった心を痛める問題をいくらかでも解決できるのではないかと考えている。

2　"インフォメーション・プア"というもう一つの「貧困」問題

　英語で，「プア」（poor）の名詞の意味としては，貧者や貧困層ということである。

　このような貧困問題は，開発途上国の経済上の貧困問題だけではなく，情報研究においても，重大な社会的な問題として位置づけられている。むろん，情報研究の領域では，経済上の貧困問題ではない。しかも，対象国は開発途上国のみならず，日本を含めた先進国においても同様の問題が起きている。いわゆる，「持てる者」と「持たざる者」との格差から生じるもので，「情報格差」とか，「デジタル・デバイド」という表現で議論されている。

　通常，「持てる者」と「持たざる者」との格差という場合，主に，入手・収集できる「情報」の格差ということに関して指摘される場合が多いようにみうけられる。しかし，筆者は，それに加えて，「情報メディアの所有」と「情報メディアの利活用」という面での格差もあり，これら三つの格差を総合して

「情報格差」の問題を考えるべきであると思っている。

　さまざまな情報メディアの登場により，それらを自由自在に利活用して情報を手に入れ，行動選択の幅を大きく広げ，つぎつぎに新たな可能性を開いて，自分の生活をより豊かにしていく人たちがいる一方で，情報メディアを十分に利活用できずに，情報メディアによって得られる益に何ら浴することのできない人たちもいる。

　情報研究の領域では，前者を“インフォメーション・リッチ”（情報富者ないし情報富裕層）と表現し，後者を“インフォメーション・プア”（情報貧者ないし情報貧困層）と表現している。高度情報社会では，富むものはますます富み，貧困なものはますます貧困化するという側面があり，その点では，経済の貧困問題と同じような性質の側面を有しているのである。

　現代では，登場する情報メディアの種類も機能も極めて豊富である。同じ情報メディアを持ち，情報を共有している人たちの間では，ある種の連帯感や仲間意識が芽生えるが，そうでない場合は，気おくれ感や疎外感さえ感じることがないだろうか。

　たとえば，携帯電話ないしスマートフォンひとつとっても，そのモデルチェンジの期間は短縮化され，各メーカーのし烈な競争のおかげで，サービス内容も充実している。筆者などは，モデルチェンジをするたびに新しい携帯電話ないしスマートフォンを買いかえる学生を相手に講義をしているが，大学で社会情報を教えている筆者のほうこそが“インフォメーション・プア”の仲間なのである。

　しかしながら，筆者は，「持てる者」と「持たざる者」との格差の問題の深刻さは，単純に，情報メディアを所有しているかいないか，あるいはまた，情報メディアを利活用できるかできないか，という事柄ではなく，心理的な面において，「持てる者」が「持たざる者」の人格的価値まで低く判断したり，逆に，「持たざる者」が卑屈になったり，「持てる者」を極端に羨望することのほうにあると考えている。

　特に，「持たざる者」が卑屈になったり，「持てる者」を極端に羨望する傾向

は，児童や生徒など低学年層に強くあらわれている。また，同じ情報メディアを持っていないために，遊び仲間に加われなかったりするケースもみられ，まことに憂慮すべき状況にあることは否定し得ない。

　問題の性質を考えれば，このような情報格差の問題は，個々人の努力よりも，むしろ，国レベル，地方自治体レベルの支援を強めた形での三つの格差の解消策を講じることが必要であり，実際に，この格差の解消に関する国レベルでの取り組みも継続的に行われている。

　さらにまた，個人的なレベルでの情報格差の問題を克服する方法の一つは，何といっても，学校教育であることは，多くの専門家の意見である。

　現代の情報通信環境の変化・変容に適切に対応しつつ，低年齢の比較的に早い時期から情報や情報メディアを活発に，そして主体的に利活用し得る能力を育成するためには，学校教育の場が最も適切で有効な機会である。

　今後は，これまで以上に，学校教育の場において，ゆがみのない体系的な"情報リテラシー"の教育，あるいは，インターネット教育の必要性が格段に高まることは議論の余地がないであろう。

　なお，「リテラシー」とは，もともとは，"読み書きそろばん"を意味する言葉であるが，今日における情報リテラシーとは情報活用能力，すなわち，情報および情報手段を主体的に選択し，利活用していくための個人の基礎的な資質のことを意味している。近年では，"インターネット・リテラシー"という言葉も聞かれるようになったが，インターネットなどを利活用したユニークで工夫された授業内容が先進校の実践事例として紹介されている。

　ただし，筆者の本音としては，情報格差をなくす努力はよいとして，私たちの日々の生活において，どんな情報メディアを所有し利活用するかどうかは，あくまでも個人の自由であると思っている。

　仕事（業務）上，やむなく必要な場合は別として，"家にテレビがない"，あるいは，"携帯電話を持っていない"という方がいてもよいではないか，と思うのである。情報メディアは，私たちに満ちている「生きる力」発揮させてくれるのであれば，その所有と利活用の意義は大きいが，その逆に，私たちの

「生きる力」を低下させるような存在となるのであるとすれば，さほど意味を持たないと考えている。

　むしろ，現代の日本でおいては，情報格差という問題よりも，情報メディアが身の回りになくては，一秒たりとも生活が成り立たないという精神的な状態におちいっている人たち，つまり，常にパソコンをそばに置いていないとイライラしたり，お財布のように携帯電話やスマートフォンなどを肌身離さず持ち歩き，朝から夜眠る直前まで目が離せないといった過度の「情報メディア依存」の人たちのほうが問題であるような気がしてならないのである。

3　"情報犯罪"という名の現代の犯罪

　「犯罪」とは，一般的には，"罪を犯すこと，また，犯した罪"のことであるが，最近では，日本でも犯罪発生率の増加と犯罪者の低年齢化が問題となっている。

　かなり以前には，「情報犯罪」という言葉すら存在していなかった。しかし，社会情報化の進展にともない，情報通信技術（ICT）を悪用した犯罪が急速に増加しつつある。まさしく，犯罪発生率の増加と犯罪者の低年齢化という現代の日本の犯罪状況にピッタリマッチした犯罪なのである。そして，このような状況こそが，高度情報社会のひとつの特徴として語られることは，まことに残念でならない。

　日本では，このような犯罪が発生した当初は，ほとんど「情報犯罪」という用語を用いていたが，その後，「ハイテク犯罪」という用語が使われ，最近では，「サイバー犯罪」や「インターネット犯罪」という用語が用いられるようになっている。それだけ，犯罪の内容が広範囲に拡大し，悪用する技術が高度化，複雑化していることを意味するが，情報通信技術（ICT）を巧妙に悪用した犯罪であることにはかわりがないことから，本書では，「情報犯罪」という用語を用いたい。

　ドイツのニーダーザクセン州に属するハーメルンという都市の名前を記憶に

とどめている方も多いことと思う。ドイツ・メルヘン街道沿いにあり，毎年，多くの観光客が訪れる6万人弱の都市である。

　グリム童話でも紹介されている『ハーメルンの笛吹き男』という童話を読んだ方も多いと思うが，この童話は，13世紀ごろ（1284年），ハーメルンの町の子どもたちが集団で行方不明になったという歴史的な事実を題材にしているといわれ，現在でも，この謎めいたあまりにも異常な事件の真相については，さまざまな解釈が加えられているものの統一した結論は出ていない。

　　こんどは，子どもたちが，うかれだしました。

　　おとなには，ただのおとにきこえましたが，子どもには，「おいで，おいで，子どもたち。くだものは，たべほうだい。クリームたっぷり，チョコレートどっさり。ケーキやパイが，山ほどあって，みんな，みんな，おまえたちのものなのさ。さあ，おいで」

　　そう，きこえたのです。子どもたちは，いえの中から，ぞろぞろ，とびだしてきました。

　　おとうさんや，おかあさんは，けんめいに，とめました。「いくんじゃない！　かえっておいで！　だめだ，いっちゃ！」

　　ところが，子どもたちは，ふえふきのあとを，おいかけました。

　　子どもたちのぎょうれつは，ハーメルンのまちをでました。やがて，山にさしかかりました。すると，山のふもとの，大きなとびらが，あいたのです。

　　まほうのふえふきが，いっそうつよく，ふえをふくと，子どもたちは，するすると，とびらのむこうに，すいこまれていきました。

　　　　　　　　　　　　　　　　　　　　　　　（ブラウニング，1992年）

　一説では，行方不明になった子どもたちの数は，130名にものぼるといわれているが，これだけの数の子どもたちを，親に知られずに一度に連れ去るということは，並大抵の工夫では不可能なことである。

もし，童話のように，「笛吹き男」が子どもたちを連れ去ったとすれば，子どもたちの心理を巧みに操作する，すぐれた情報操作を行ったとしか考えられないのである。

　しかしながら，「笛吹き男」は，何もハーメルンだけに出現したわけではない。巧みに情報を悪用し，操作する「笛吹き男」は，私たちの前にいつでもあらわれ，子どもどころか，大人をも容易に惑わしているのが，現代の社会の大きな特徴の一つである。テレビ風に表現すれば，"笛吹き男連続情報操作事件"といったところであろう。

　今日，情報犯罪として考えられる犯罪の種類はかなり多い。著作権・知的所有権の侵害，コンピュータウィルスの被害，個人情報の漏えい，ネット上の誹謗中傷や名誉毀損，貴重なデータの改ざん・改編・複製（コピー）ないし破壊など，犯罪の種類を挙げれば数かぎりがない。

　また，私たちは，知らず知らずのうちに，いろいろなレベルの「情報操作」にまどわされて，被害をこうむっていることもある。

　それは，すぐに経済活動に伴う悪質な情報操作の例などを思い浮かべることができる。たとえば，ある企業が情報を都合よく意図的にねつ造したり，あるいは，不都合な情報を隠したり，逆に，自社の商品に関する不当な誇大広告や都合のよい情報だけを開示するという形での情報操作が実際に行われ，一部の人たちが情報操作の被害者となっている。身近な一部の人間の利益のために，普通の善良な人たちが，極めて陰湿で巧妙な情報操作の罠に巻き込まれ，落としめられて涙することにもなりかねないのである。

　以前から指摘されていたように，現代は，はっきりと犯罪を目的にコンピュータ・システムに侵入してくる犯罪者（別名，クラッカー）にとっては，全世界が犯罪の舞台であり，インターネットにかかわる犯罪は，世界規模の問題なのである。以前は，情報メディアを意図的に悪用した，通常の生活をひどくおびやかすほどの危険性に遭遇することはなかったが，最近では，その危険性がますます高まり，社会全体としてみれば，明らかに，反社会的な行為が短期間のうちに増大しているといわざるを得ないのである。

　ところで，今まで述べてきたような「情報犯罪」は，「通常の犯罪」と大きな違いがある。

　普通の犯罪の場合，自分の生涯の中で被害者となりうる可能性はあるが，それもごくまれなケースといってよい。逆に，加害者となることはまずないだろう。しかし，情報犯罪のほうは，日々の生活の中で被害者になる可能性が高く，しかも，自分の意志や行為とは無関係に加害者にもなり得る点にある。

　近年では，以前と比較すると，「情報倫理」や「コンピュータ・エシックス」についても関連する議論が盛んになってきている感じを受ける。エシックスとは，倫理や倫理学の意味である。

　しかしながら，よく諸外国から，日本人は情報にかかわる道徳観や倫理観，職業上の情報への倫理観が曖昧<ruby>曖昧<rt>あいまい</rt></ruby>であるとする指摘を受けている。今後は，社会のグローバル化にともなって，日本においても，頻繁に情報にかかわる人間としての道徳観や倫理観という精神的な規範<ruby>規範<rt>きはん</rt></ruby>に関しても十分に重要視せざるを得ないであろう。

　かくして，先にも述べたように，学校においては情報メディアの理解やその操作技法に直接かかわる能力の向上とともに，近未来の社会のゆくすえを考えて，情報の価値や情報倫理などについて，小学校や中学校などかなり低年齢の段階からの情報教育が求められよう。

　そしてまた，今後とも，さまざまな情報犯罪に対する危機意識を高め，意図的で悪質な情報犯罪の発生増加を予想して，しっかりとした社会的，技術的な対応や対策が必要とされる。たとえば，警視庁には「サイバー犯罪対策」に関するウェブサイトが開設されている。インターネット接続業者（接続業者）によっては，著作権侵害や誹謗中傷などの書き込みに警告を発する独自の「アイポリス」活動を実施するなど，社会的な対策がいくつもこうじられているが，その必要性はますます高まっている。

　さらにまた，当然ながら，法的な制度も整備されなければならず，現実に日本でも整備されつつある。確かに，法的な制度の整備というのは，個人の尊厳と権利を保護し，社会全体を脅威や混乱から守るための一つの重要な手段であ

ることは，あえて強調するまでもない。

　しかしながら，よくよく考えてみると，このような整備の重要性は認識しつ
つも，理想的には決して好ましいことではないと筆者は思っている。なぜなら，
新たな法制度などを整備しなければ，個人の尊厳と権利が保護されず，社会全
体を脅威や混乱から回避できない社会が，平和で，かつ豊かな「よき社会」と
考える方は，一人もいないと思われるからである。

4　“情報の森”で迷子になる私たちの困惑
－情報過剰現象という問題について－

(1)　“情報の森”の中にある私たち

　私たちにとって，いかに情報が重要であり，情報が「生きる力」を高めるも
のであるかをいくら強調しても強調しすぎることはない。

　しかし，私たち人間は，みずからの身体を維持し成長するために食事をする
が，限度をわきまえずに食べ過ぎたために栄養の過剰摂取がもとで，胃腸をこ
わすなど身体の不調をまねいたり，あるいはまた，植物にとって必要不可欠と
はいえ，水や肥料の与え過ぎが原因で草花の生育に悪影響を与え，ついには枯
らしてしまうということを，私たちは日常的に経験している。

　高度情報社会と称する現代では，時に私たちの意志や必要性とは無関係に，
情報が大量にうみ出され，大量の情報が私たちの社会に氾濫するという状況が
あることは否定できない。現代に生きる私たちは，好むと好まざるとにかかわ
らず容赦なく降り注ぐ情報の中で暮らしている。これを，たとえれば，“情報
の森”の中での暮らし，あるいは，“情報の海”を泳いでいる，と表現するこ
とができよう。

　現在の私たちは，その身を置いている社会環境が急速に変化し続けており，
過去に生きていた人たちよりは，はるかにあわただしい毎日を送っているとい
える。そして，絶え間なく周囲や周辺の雑音と騒音などに心がみだされ，ゆっ
くりと時間をおしまず，静寂のなかで，みずからの歩みを吟味し，模索し，悩

み，喜び，とことん考えるという営みがむずかしいのも事実である。

　このような中にあっても，普通は何の問題もなく日々の生活を過ごしているが，過剰なまでの量の情報がもとで，食事と同じように，ある種の問題が引き起こされる場合がある。そして，それが強まると，病的な精神状態としか思えないような発作を起こしかねない。ある研究者は，私たちは過剰な量の情報という爆弾に爆撃されている，と述べているが，かなりインパクトのある表現である。

　そこで，ここでは，情報過剰と私たちとの関係の問題について，次の四つの点にまとめて考えてみたい。

①　情報量の増大がもたらす"逆説（パラドックス）"の発生

　多彩な情報メディアの利活用によって，従来よりもはるかに多くの情報を手に入れることができたが，逆に，本当に必要とする情報をキャッチできないという，いわゆる，"逆説（パラドックス）"が起きるという問題である。

　社会を流れている情報は，すべてが有益ではなく，情報が無神経に流されていたり，意味のない雑音も多く，高度情報社会というのは，〈雑音社会〉という側面を持っている。雑音は，正常なコミュニケーションを妨害したり，社会を混乱させるもととともなり，雑音が過剰に多ければ，私たちの生活に支障が生ずるため，かなりしつこい敵の手先とも考えられるものである。

　明確に雑音と判断できるものもあるが，真偽が明確でない情報の量も増大しており，このことは，私たちの判断を大きくくるわせたり，不要な社会的混乱をうみ出す危険性もきわめて高い。その顕著な例としては，過去に起きた戦争，地震などの予期せぬ災害，あるいは，数多くの人命を突然うばってしまう大きな事故が発生した時の状況を思い起こせばよいであろう。

　また，やや領域は異なるが，育児情報が多いために，どの情報を信頼してよいのかわからず，若い母親が不安になったり，場合によっては，過敏な母親が育児ノイローゼになることもある。世の中には，教育関連情報に関する情報が多すぎて，自分の子どもを無理にせかし，過度な要求をしいた結果，子どもの社会性の形成に何らかの問題が生じることもあり得るのである。

② 強まる自己喪失感，自己の無力感

私たちは，あまりに過剰な量の情報に，今生きている自分，そして思考し行動している自分に自信をなくし，これまで自信をもっていた自己の信念や信条といったものもぐらつきはじめ，本当にこのままの自分でよいのだろうか，という自己喪失感や無力感におちいる場合がある。

不必要なまでの情報のシャワーをあびて，"自分がどう生きるか"，"自分が何をしたいのか"など，人生について自問自答する機会をなくし，ひいては，これから開始すべき未知の世界への積極的な挑戦から，あっさり降りてしまうこともあり得るのである。

③ 情報の"過食症"症状

若い女性の方の中には，"過食症"という症状に悩む方もいるが，同じように，消化不可能な量にもかかわらず，あきもせず，いわゆる，日々"情報を食べずにはおれない"という摂食障害に似た症状をきたす人たちが存在する。このような状態を情報の"過食症"症状と呼んでいる。

一般的に考えて，私たちは，自分の身の回りに消化しきれない大量の情報が降りそそいでいる場合，社会を流れている大量の情報の中から，自分にとって必要な情報，あるいはまた，さしあたり必要と思われる情報から消化し，ほとんど不必要と思った情報は切り捨てたり，ゴミ箱に捨てることが多い。ところが，このことが上手にできず，"情報に乗りおくれる"という強い恐怖心から，"過食症"に似たような状態におちいるのである。

アメリカのリチャード・ワーマンは，かつて，このような症状を「情報過食症」と称して，このような症状に対する警告を与えていた。

④ 減少する真の充実感，満足感

情報が多ければ多いほど，私たちの興味や好奇心を高め，欲しいものを増幅させるが，その反面，本当の意味の人間の充実感や満足感を減少させているように感じられる。

情報というのは，そのまま，危険な「誘惑者」ともなり得るのである。情報メディアが社会のすみずみまで浸透している現代の社会では，人間の幸福とは

無関係であるとしても，つぎつぎと新しい商品がうみ出され，情報メディアを通して絶え間なくその所在を伝える情報が提供されている。

このように，私たちの欲求や欲望をかり立てる社会にあっては，かえって，いつも本当の意味の充足感，満足感を味わうことがなく，いつも不満足な状態で生活を過ごさなければならないのである。私たちが，自分の欲求や欲望のコントロールを失ってしまえば，とうてい，自分の真の幸福，本当の「生活の質」の向上とはほど遠い，充足感や満足感のない心の貧しい生活がそこに繰り広げられかねないのである。

以上，ここでは，過剰な量の情報と私たちとの関係の問題について，四つの点にまとめて考えてみたが，確かに，今日では，あふれかえる情報洪水の中で，いったい，何が本当に価値のある情報であり，そうでないのかが判然としないまま，私たちは増え続ける情報に追いまくられ，振り回されてはいないだろうか。いつの間にか，何が何やら訳が分からなくなってしまっているという状況が発生していることも事実である。

また，今日では「情報の放火魔」的な存在も増えつつあり，勝手にどんどん情報の火をつけて，後始末をせずにさっさと逃げ去るケースもある。情報に火を点けるのはたやすいが，火がついた情報を消化するのは，そんなに簡単にできることではない。情報源がまったく曖昧で，不明瞭であるにもかかわらず，その情報が独り歩きし，新たな「うわさ」や「ゴシップ」として，急速に，しかも広範囲に広がっていくことも多く，この点も高度情報社会という現代の特有の問題といってよいであろう。

(2)　"情報の森"で暮らすには

以上で指摘したように，近年では，いわゆる，「情報過多」，「情報過剰」，あるいは，「情報爆発」という表現で説明されるような状況にあり，そのことによって，さまざまな問題がおきるケースもある。

著者は，ある時，小さな冊子を読んでいたところ，「人が見聞きする情報のうち，何パーセントが前向きで，何パーセントが否定的だろうか」という調査

がアメリカのシカゴで行われたという短い記述を目にした。それによれば，結果的に，前向きの情報は全体のわずか10パーセントで，90パーセントは否定的な情報であったということである。

筆者は，この結果を読んで，本当にそうだろうかと一瞬疑問を持ったが，何の根拠もなく否定するわけにもいかず，筆者なりに，"ミニ・アンケート"を作成して実施してみようと思いたった。

筆者が，数年前の春頃に実際に行った"ミニ・アンケート"では，「私たち現代人が，日常生活で見聞きする全体の情報のうち，何パーセントがプラスの情報（＝幸福をもたらす情報）で，何パーセントがマイナスの情報（＝悲観的な情報）だと思いますか」という，シカゴでの調査とほぼ同じ内容の質問項目を設けてみた。調査は，20歳前後の男子と女子の大学生に協力してもらい，だいたい100名の学生から回答を得ることができた。

その結果，プラスの情報とマイナスの情報が，それぞれ50パーセントずつというのが最も多く，全体の21.1パーセントであった。ついで，プラスの情報＝30パーセント対マイナスの情報＝70パーセントとする回答が全体の18.3パーセント，プラスの情報＝40パーセント対マイナスの情報＝60パーセントとする回答が全体の17.4パーセント，プラスの情報＝20パーセント対マイナスの情報＝80パーセントとする回答が全体の11.0パーセントという順番になっている。

総体的にみれば，どちらの情報も50パーセントとする回答を除くと，プラスの情報よりもマイナスの情報に対する回答の割合が高く，マイナスの情報が多いとする回答の割合は全体の6割以上にのぼり，プラスの情報が多いとする回答の割合を上回る結果となったのである。

もちろん，この結果から，すべてを類推することはできないが，現代に生きる若年層においても，社会に流れている情報の多くが人間に幸福をもたらさない情報であるとする認識を持っていると理解してよいであろう。

換言すれば，日々大量の情報が降りそそいでいるにもかかわらず，人間の人生にとって，本当に必要な情報は少ないということでもある。

人間は，ごく身近な人たちや信頼できるメディアからマイナスの情報，たと

えば，傷害・窃盗事件，殺人事件，自殺，リストラおよび事故といった情報を
日々の生活の中で頻繁に耳にしていると，それを聞く人間の社会観や人生観に
少なからず影響を与え，将来への不安や希望喪失など悲観的な精神状態を引き
起こすのではないかと考えられる。もしかすると，昔も，同じような社会的状
況が繰り広げられていたかもしれないが，今日ほど情報メディアが発達し普及
していなかったために，それほどマイナス情報を耳にする機会も多くなかった
ように思えるのである。

　しかし，現代では，テレビ，パソコン，携帯電話およびスマートフォンやタ
ブレットといった多彩な情報メディアを通して，発生した出来事に関する情報
が瞬時に，しかも詳細に手に入る状況にある。そして，このような傷害・窃盗
事件，殺人事件，自殺および事故といった情報を得て，さらにそのことが影響
して，傷害や窃盗事件，あるいは殺人事件が増加したり，自殺者が増えると
いった現象も起きている－むろん，傷害・窃盗事件，あるいは殺人事件や自殺
者の増加は，さまざまな要因が考えられ，一概に判断することはひかえたいが
－ように思う。

　そして，このような事柄は，大人よりも，むしろ若年層に与える影響が大き
いと考えられるのである。

　情報というのは，そのものが「力」とも考えられている。また，本書では，
情報は私たちの「生きる力」を高め，強めるものとして考えているが，情報の
量が多ければ多いほど，「力」が強くなったり，私たちが本来持っている力を
高めるかというと，必ずしも比例するわけではないことが理解できたと思う。

　現代的な神話といえるコンピュータ崇拝者の野望に対して果敢に挑戦したア
メリカの文明評論家セオドア・ローザックは，私たちに，実に重みのある指摘
を残している。

　　コンピュータ崇拝者たちは，その餌食をまんまとデータ過剰の戦略にお
　としいれ，その解決をふたたびコンピュータにゆだねることによって自分
　たちを守ろうとしている。

131

しかし，データ過剰をつくりだす機械的な方法のなかには解決はない。
むしろ，政治演説の新しい基準を主張しなければならない。活力にあふれ
た民主主義において，重要なのは情報の量ではなく，情報の質なのである。
　　　　　　　　　　（セオドア・ローザック，成定・新井訳，1989年。
　　　　　　　　　　　　　　　　　なお，ルビは筆者による）

　そこで，過剰な量の情報が致命傷とならずに，情報過剰現象に打ち勝つため
の手がかりをみい出すことが必要である。
　"情報の森"のデコボコ道につまずかず，"情報の森"の中で暮らし，しっか
りと歩くために必要な最善の方法はあるのだろうか。情報過剰という状況の中
にあって，玉石混淆の情報の中から，より正確で有益な情報をどのように選択
し判断し，どのようにそれを有効に利活用するかという人間の能力が問われて
いる時代であるといってよい。
　まず，私たちが，"情報の森"の中で暮らし，しっかりと歩くために必要な
ことは，情報を選んで捨てるという，情報の「取捨選択」の作業であろう。つ
まり，従来，最も重視していた情報の入手・収集という人間行動から，選択と
いう人間行動への変化が求められているということである。
　テレビといった情報メディアに代表されるように，一方的に，あらかじめ加
工された精度の高い情報が頻繁に流されているために，主体的な情報選択とい
う努力が低下する傾向がある。一方的に，精度の高い情報が流されると，私た
ちの感性や感情がゆるみ，情報の価値の判断能力や識別能力が鈍化する危険性
が高まるのである。
　古く，もはや価値のないモノ，たとえば，小さくなった洋服やはけなくなっ
た靴，使わないバックやネクタイ，利用しない花瓶や空箱など，場所だけを
とって人生に意味をもたらしそうにないモノでも思い切って捨てることができ
ず，自宅の押し入れにすべてをため込んでいる人たちも多いと聞く。いわゆる，
「断捨離」（＝不要で不快なモノを断じ，不要なモノを捨て，さらにモノの執着から離
れ，スッキリとした気分で過ごすことといえようか）がとても苦手なのである。そ

れはモノだけではなく，情報に関しても同じことで，なかなか捨てきれない人は多い。自分でもそのことを承知しながらも，えり分けの作業に入りたがらないのである。おそらく，自分の身近にため込んでいると，一種の安心感のような感情がうまれるからであろう。

しかし，ゴミ屋敷のようにモノを捨てずに足もとにためておけば，かえって自分の足がとられて，歩けなくなり，みずからの生活に支障をきたすのと同じように，情報も捨てなければ，多くの情報に惑わされるだけで，かえって，心の平安を失いかねない。本当に価値ある情報を得るには，多くの余計な情報とも出会わなくてはならないのも事実であるが，やはり，私たち一人ひとりが，いつでも，しっかりとした情報の選択意志を持ち，勇気をもって捨てる情報を見極める目を養うことが必要である。

次に，私たちは，大量の情報に惑わされずに，"自分で考え，自分で表現する"ことを放棄してはならないということである。

確かに，みずから考え，自分でみずからを表現するにはそれなりの努力はいるが，この地上での大切な自分の人生をただ社会にゆだねたり，他人の人生にまかせるわけにはいかないのである。すばらしい能力を持ちながら，それを上手に表現できずにいる方も多いことだろう。実に，もったいないことである。やはり，時には勇気を持って，堂々と素晴らしい自分自身を豊かに表現してほしいものである。

筆者の基本な考えは，情報も情報メディアも，本来は，私たちの「生きる力」を発揮させ，高めるために存在しているのであって，私たちの人生を危機におとしいれるために存在しているのではない，ということである。

どのような理由づけを駆使したとしても，人間がすべての情報メディアをつくり，そして利用する「主体」であることをはっきりと認識する必要がある。決して，主客転倒させてはならない。

一人ひとりの人間が，日々の生活を健全に営み，〈生〉を鼓舞し，みずからの人生の豊かさを増幅する手段として情報を考え，情報メディアを利活用してほしいものである。

第 7 章

豊かな人生の物語を生きる

人間は一人ひとり花です。

小さい花もあれば大きい花もあり，早咲き，遅咲き，

色とりどり店頭に飾られ，買われてゆくのもあれば，

ひっそりと路傍で「花の一生」を終えるのも多いでしょう。

花の使命は咲くことにあります。他の花と比べて優劣を

競うことにもなければ，どこに置かれるかにもなく，自分

しか咲かせられない花を一番美しく咲かせることにあります。

（渡辺和子『どんな時でも人は笑顔になれる』

より）＊9

1　"情報" の森の中で静思の時を持つこと

漫画家，アニメーターとして大活躍し，「漫画の神様」の異名をもち，日本
人では知らぬものはいない手塚治虫氏は，次のように述べている。

　なにが必要な情報か，ということですが，ぼくはとどのつまり，生命の
尊厳を伝える情報が最も必要でかつ重要な情報だと思います。

（手塚治虫，1989年）

現在の大阪府豊中市に生まれた手塚氏は，1989年2月9日，午前10時50分，

胃がんため，東京の半蔵門病院で家族に見守られながら他界した。亡くなったのは満60歳で，日本人の平均寿命から考えるとあまりにも早い死である。医師でもあるからだろうか，氏の作品の中には医療・看護的な内容のストーリーも多く，氏の作品にはいのちの讃歌（さんか）が読み取れるのである。

どんな時代，どんな社会的状況であろうとも，何よりも大切な人間の〈いのち〉の価値を伝え，人間としての尊厳を伝える情報は，決して軽視されるべきではない。

人間の人生とは，人が生き続けることである。この世にいのちのあるかぎり生き続け，そして呼吸が止まり心臓の鼓動（こどう）が絶える瞬間まで，鮮烈（せんれつ）な〈生〉の意味を思索（しさく）しながら生き続けることが重要である。

現代は，固定回線を引かず，ワイマックス（WiMAX）や4G回線を利用したモバイルワイファイ（Wi-Fi）ルーターを使ってインターネットに接続するケースも多くなっている。人間の仕事の一部を人工知能（AI）の組み込まれたロボットが肩代わりし，道路では自動運転の車が走行し，さらに空にはドローンが飛行する時代である。しかし，私たちが最も語らなければならないのは，豊かな生命力のあふれた人間の"生きている言葉"ではないのか，大切な〈いのち〉を数える言葉ではないのか，いいかえれば，人間の大切な〈いのち〉についての情報を語らなければならないと思うのである。

そこで，本書の最後の章となる第7章では，日頃，筆者が見聞きしたり，思いめぐらせていることや考えていることを，ありのままに記してみることにしたいと思う。ただし，本書の第1章から第6章までのように，「情報」や多彩な「情報メディア」という言葉をほとんど用いることをしていない。

その理由として，第一に，筆者としては情報や多彩な情報メディアなどについては，とうてい十分とはいえないまでも，第1章から第6章において必要な内容は書きあらわすことができたこと，次に，情報や情報メディアを利活用するのは，他でもない「人間」であり，その人間のいのちの価値，人間としての尊厳，そして人生の生き方への思索なしに，自分自身のため，愛すべき他者のため，そして社会のために情報を「生きる力」とすることはできないのではな

いか，という考え方からである。

　さて，「現代」という時代は，時間の流れ方が異常に加速しているように思えるのは筆者のみだろうか。

　だからこそ，未来が見通せず，あわただしく変化する現代の社会に生きる私たちにとって，いま，もっとも大切にすべきことのひとつは，"情報の森"の中にあって静思の時を持つことではないだろうか，と考えている。

　生前はノートルダム清心学園理事長の職などをつとめた渡辺和子氏の著作の中に，「時間の使い方は，そのままいのちの使い方」という文言がある（渡辺和子，2013年）。

　「静思」とは，簡潔には，"心静かに思索すること"，"ある物事について静かに思いめぐらすこと"といった意味内容の言葉である。ノルウェーの探検家クリチョフ・ナンセンは，「人生における第一の大事は自己を発見することであり，そのためには諸君は孤独と沈思をときどき必要とする」と述べている。私たち人間は，自分の人生において，本当に大切なもの（こと）を置き去りにして日々の生活を送り，生涯見失ったままで死を迎えるとしたら，〈人が人としてよりよく生きること〉とは，かなりかけ離れたものとなりそうである。

　人間という「生きている」存在は，たまたま何かの状況や環境下で，まったく偶然に発生した原子や分子の単純きわまりない寄せ集め，偶然の集合体や集積体などではない。他の生物とはまったく違って，「人格」を持ち，情愛を知る心と神を知る魂を持っている。それゆえに，人間の長い人生では，多くの喜びを味わい，悲しみや苦しみが与えられる，といっても，否定されることは少ないであろう。

　世の中では，これまでに，人間の〈生〉の意味，人生のあり方については，数多くの示唆と知見がみうけられる。

　人生の意味については，さまざまな視点から展開され，すでに数多くの著作が世に出ており，自分の歩んでいる人生に何らかの迷いが生じた時，このような著作は，自分を励まし，道しるべとなり，悩みの淵から立ち上がらせて，再び人生を歩もうとする力を与えてくれる。

では，誰もが逃れることのできない〈死〉についてはどうであろうか。人生のような意味など〈死〉には全くないのだろうか。

　筆者自身は，まったくそうは思っていない。ここでは，〈死〉についての詳しい展開は避けるが，〈生〉に意味があるように，〈死〉にも意味があり，メッセージがこめられているはずである。人間の〈死〉に意味があるからこそ，いのちに輝きが増し，感動的なそれぞれの大切な人生の物語を生きることができる，というのが筆者のゆるぎない思いである。

　確かに，人間は，本来的に生きることが好きといえるだろうが，逆に，特別な状況下にないかぎり，喜んで死を迎えたい人は，ほとんどいないだろう。だが，私たちは〈生〉と〈死〉について熟視し静思することによって，与えられた自分のいのちを輝かせ，最後の一瞬まで使いきることができると信じたい。

　医師である柏木哲夫氏は，人として生まれるとは，魂をもった存在として生まれることであり，人として生きるとは自分の存在の意味を考えながら生きること，そして，死を視野に入れて生きることではないかと思う。そうすることによって，生はおのずと充実する，と述べている（柏木哲夫，2008年）。

2　人間の〈いのち〉の価値を問い直す

(1)　みずからのいのちを失う体験

　あらためて強調するまでもなく，すべての人間の人生の始まりは，いのちの誕生からである。

　イギリスの政治家・小説家として知られる初代ビーコンズフィールド伯爵ベンジャミン・ディズレーリは，「人は自分自身のことをいくらかでも知っていない限り，人類全体のことを何も知ることはできない」という名言を残しているが，世界中の中で，誰にも取りかえることができない，たとえようもなく高価な存在こそが人間であると，筆者は主張したい。

　すなわち，誰もが，生まれながらに高価で尊い，他の誰にも代えることのできない価値をもった「かけがえのない存在」であり，決して，何かと交換可能

な消耗品，使い捨て製品などではないのである。

　しかも，無条件に愛されるべき存在であり，誰からも愛されるために生まれてきたのである。真にあわれみに満ちた，やさしく，なごやかなうるわしい心が編み出す深い愛情は，人間以外には持ちえないといわれている。自分自身が愛されていないと勘違いする人間の根本原因のひとつとして，自分自身を真から愛しているのかどうかという疑問が存在する。カウンセリングや人間の心理研究者の幾人かが，愛されていないと思う多くの人たちは，心の深い部分で自分自身を認めず，愛していないのだ，と指摘しているのである。

　いつの間にか，自分のありのままの姿を受け入れることができず，他人ではなく自分自身で低いセルフ・イメージ（自己像）をつくってしまったために，愛を受けるに足る存在ではないと，まさしく，勝手に思い込んでいるとすれば，本当に悲しいことといわざるをえない。

　誰しも，自分は愛されていると感じている時に，「生きる力」が高まる。生きることへの前向きで，積極的な意欲が発現されるのである。

　それは，なにか特別な能力や才能があるから価値があるのでも，社会的に有名で偉いのだから愛されるのでもなく，"そのままの存在"に価値があり，かつまた，無意味な，無目的な人生などあり得ないということである。

　筆者の子どもの頃には，昔の中国（北宋）の政治家・歴史家・儒学者として知られる司馬温公（司馬光ともいう）の「瓶割り」の話しを聞いたことがある。今日では，この興味深い中国の故事（＝昔からの言い伝え）は，日本の若い人たちにほとんど伝えられていないようにみうけられるので，簡単にこの出来事の内容を記してみたい。

　それは，温公の子どもの時の出来事である。温公が大きくとても高価な水瓶のあたりで友達数人と遊んでいたところ，友達の一人が水瓶の中に落ちて，いまにもおぼれそうになる。そこで，温公は，水瓶に落ちた友達を助けるために，父親から叱られるのを覚悟して，石を振り上げてその瓶を割り，水瓶に落ちた友達のいのちを救ったのである。それを聞いた父親は，叱るどころか温公をほめたたえ，あらためて人間のいのちはどのような高価なものよりも大切だとい

うことを教えたという内容の話しである。

　この出来事が故事として，すなわち，後世に伝えるべき大切な情報として語られ続けているのは，当時，中国では，水を貯蔵する古く大きな水瓶は高価で貴重品であったが，そんな品よりも人間のいのちの方がはるかに尊いということを強く訴える目的があったことは容易に理解できよう。人間は，これまで「なぜ生まれ，なぜ死ぬのか」という問いに迷いに迷いながら生き続け，それでもなお全ての人間が得心する問いへの回答はなされていないが，だからといって，そのことが人間のいのちの価値や人間としての尊厳を否定する根拠とはならない。あらゆる意味において，いのちは人間存在の本質であり，いのちなしに「なぜ生まれ，なぜ死ぬのか」という問いは意味をなさないのである。

　ところで，筆者は，みずからのいのちを失う重病に倒れたことがある。これは，みずからの〈死〉を身近に強く意識した初めての体験でもあったことから，簡潔にその体験談を記してみたい。

　筆者は，ある総合病院の待合室で内科医の呼び出しを待っていた。

　その1週間ほどまえ，職場から自宅への移動中，胃腸にこれまで経験したことのない激痛を感じ，投薬後，すぐにその時は痛みがおさまったものの，念のため翌日に胃腸の精密検査を受けることにした。その精密検査から一週間後，検査の結果を医師から聞くために，総合病院の待合室にいたのである。

　それまで，健康にはある程度自信もあり，多少なりとも健康に気をつけてもいたが，今回感じた激痛は尋常ではないという不安もあり，これまでにない緊張感のある時間を過ごしていた。

　やがて，呼び出しの順番となり，担当の若い内科医と向き合った。開口一番，その医師は「胃に悪性腫瘍がありますね」と言う。「それは，胃がんということですか？」という私に，「そうです。早期胃がんです。すぐに入院してください」というのと同時に，机の引き出しから入院手続きのための書類を数枚渡され，もはやみずからの選択の余地もなく病院への入院手続きを済ませ，その数日後に手術を行った。その結果，リンパ節や他の臓器への転移もなく，多少のリンパ節と胃の上部の切除だけで済んだものの，筆者の胃の大半を失うこと

となった。

それは，あと１年で50歳を迎える時で，この年齢の人間であれば，たいてい職場ではあれもやりたい，これもやらなければ，という多忙ながらそこに充実感や満足感を味わう時期でもある。そんな時に，早期とはいえ，よりによって「胃がん」の宣告である。

幸いにも，あれから再発もなく，15年以上を過ぎて，今日では問題のない健康な日々を過ごしているが，入院中に病院の廊下の窓から見た４月の満開の桜が目に焼きついている。その桜の木は，病院内の敷地にあったものだが，いずれ散る花でありながら，〈生〉を誇るかのように咲いて見事であった。この満開の桜を見た時，弱気で心がしおれかかった筆者は，「ようし，生きてやるぞ！」と自分の気持ちを奮い立たせたことをいまでも鮮明（せんめい）に覚えている。

個人的な述懐になってしまったが，がんの宣告を受けるまでは，〈死〉に対する実感はなく，自分自身の身に起きることとして真正面に考えることはなかった。まさしく，人間の〈死〉というのは，まったくの他人事であり，それまで与えられた時間は無限にあると勘違いしていた自分のなさけなさ，愚（おろ）かさ，そして無知に腹立たしささえ覚えると同時に，生きている喜びをかみしめた出来事であった。

(2)　いのちの価値をめぐって

世界中には，名前，生年月日，血液型，皮膚の色や髪の毛の数，足の大きさや身長・体重などは，ほぼ同じ人間が存在しているかもしれない。

しかし，人間の身体全体をつくる細胞の数は同じ約60兆個でも，まったく同じ心や精神をもった人間はどこにも存在しない。さらに加えていえば，ただ約60兆個もの細胞を機械的に寄せ集めただけでは，いのちを持った「生きた人間」にはならないし，細胞の単純な寄せ集めの集合体では，人間のやさしい心や豊かな感情の存在は今日でも説明不可能なのである。そこに，一人ひとりの〈生〉には，その人間が存在する大きな意味がある。

世界には，人間の手によるすぐれた製品や作品などが数多く存在している。

かなり以前の出来事で，記憶にある方もおられると思うが，1987年3月に，日本の大手保険会社・安田火災海上（現：損保ジャパン日本興亜）がロンドンの絵画競売において，オランダの画家で有名なフィンセント・ファン・ゴッホ晩年の作品である『ひまわり』という作品を約58億円（当時のレート／この時点では史上最高）という破格の値で落札したことがあった（ちなみに，この作品は，現在，東郷青児記念損保ジャパン日本興亜美術館に常設されている）。

　では，なぜ，このような途方もない値段で『ひまわり』という作品が落札されたのであろうか。いろいろと考えられる要因は存在するだろうが，何といっても最大の要因は，その作品がゴッホ自身の手によって描かれた〈本物〉のゴッホの絵だからといえるだろう。

　現代の科学技術と技法を用いれば，色彩や形状などおよそ素人の目にはまったく見分けができないほどに本物と寸分違わない，ゴッホの『ひまわり』そっくりのものを作ることは容易であろう。しかし，そのようにして作られた偽物の絵画，すなわち，贋作に大金を支払うなどということはかなり馬鹿げた行為といわざるを得ない。絵画そのものよりも，絵画をおさめた額縁の方が高く売れそうである。『ひまわり』がとても珍しい特技や演奏をしなくても，ただそこに「あるだけ」で，すなわち，本物の作品がそこに「存在するだけ」で素晴らしいのである。

　ひとりの人間が作り上げた本物の作品でさえ，このように途方もない値段がつくのである。ましてや，人間＝本物の存在であれば，何物にもかえがたい高価で尊いのは当然というべきであろう。

　その価値は，市場などで金銭取引をすることのできる価値などではない。五体満足な人間でも，たとえその身体になにがしかの障がいがあっても，あるいはまた，大きなケガや病気などで寝たきりの状態で日々の生活を過ごさなければならないとしても，まったく同じ高価な価値を持った存在であり，そこに何ら価値の差はないのである。

　したがって，たとえ，度重なる人生の困難や苦難，そして，とうてい耐えられないと思われるほどの試練にあって，心が弱まり，泣きそうで，しおれてし

まいそうになっても，人間としての自分自身の価値を見失ってはいけないのである。

　ある高校生の感想文に，「おばあちゃん，おじいちゃんが生きるのをあきらめていたら，いまの私がいないということに気づいた時，心からありがとうという気持ちと尊敬の念がわいてきた」という内容の文面がある。

　人間のいのちは，自分自身のものである。しかし，自分だけのものではない。いま，存在する一人ひとりのいのちには，過去に生きた途方もない人たちのいのちが含まれ，かつまた，未来に続くいのちをもやどしているといえるだろう。

　かつて，肝臓移植を受けた経験をもつ野村祐之氏は次のように述べている。

　　私は生きている。でもこのいのちは「わたし」だけのものではない。隣
　　人と，他者と，共有するいのちでもある。そのいのちの「わたし」の部分
　　を，わたしは生きている。だからわたしは生きるとき，「わたし」を超え
　　たいのちを生きており，いわば，そうしたいのちの責任を預かって生きて
　　いる。

　　　　　　　　　　　　　　　　　　　　　　　　　　　　（野村祐之，1997年）

　自分で自分の価値を減じたり引き下げるのは，尊い価値を持った人間としての悲しく誤った行為なのであり，どんな時，どんな状況にあっても，人間としての価値は変化しないことを強く意識しながら人生を歩むことが必要である。

3　深みのある人生のための生き方

　この項では，まず最初に，短命な生き物として広く知られている「カゲロウ」（節足動物門・昆虫綱・カゲロウ目）と「ミノムシ（オオミノガ）」（節足動物門・昆虫綱・チョウ目・ミノガ科）の生態について簡単に紹介してみよう。

　一般的に，"カゲロウのようだ"といえば，短く，はかないいのちを象徴する表現といえる。確かに，カゲロウは弱々しく，成虫になって一日で死んでし

まうといわれているが，実際には，成虫になると数時間しか生きられず，まさしく「短く，はかないいのち」のようである。

　専門家によれば，カゲロウにとって成虫というステージになると，餌を食べるための口も退化して失われ，餌をとることもせず，子孫を残すためのものでしかないという。限られた時間の中でカゲロウたちは交尾を行い，交尾を終えたオスたちはその生涯を終え，メスたちは水の中に新しいいのちを産み落として，そのいのちを落としていくという。それが，一夜での出来事といわれているから，まさしく，カゲロウの生涯ははかなく短いいのちといってよいだろう。もちろん，自分が産み落とした子どもたち（小さい幼虫たち）の姿を見るわけではなく，子育てをするわけでもない。一夜のうちに，交尾をして，水の中に卵を産み，その一生涯を閉じることになる。

　他方，ミノムシは，枯れ葉や枯れ枝で巣を作り，その中にこもって暮らしている。このような生態が，粗末な蓑を着ているように見えることから「ミノムシ（蓑虫）」と名づけられたという。

　このミノムシの正体は，ミノガという蛾の幼虫であり，冬になる前に，蓑を枝に固定して蓑の中で冬を越すのである。やがて，冬を越して春になると，ミノムシは蓑の中でさなぎになり，成虫となって蓑の外に出てくるが，巣の外に出てくるのはオスのミノムシだけである。メスの方はといえば，春になっても巣の中から出てくることはなく，巣の中でさなぎになり成虫になるが，その後も巣の中に留まり，頭だけを出して成虫となったオスのミノムシをフェロモンで呼び寄せながら，パートナーであるオスが飛んでくるのをじっと待ち続ける。成虫になっても蓑の中にとどまるメスは，はねや足もなく，やがて，交尾を終えたメスは，蓑から出ることもなく，その蓑の中に卵を産み，静かにその一生涯を終えるという。

　むろん，カゲロウと同じく，みずからが産んだ子どもたち（小さい幼虫たち）を見ることもなく，子育てもしない。春になれば，巣の中で卵からかえった幼虫は，蓑から外にはい出して糸をたらし，風に乗って飛ばされていく。そして，新たな土地で新たなミノムシたちの生涯が始まるのである。

　以上，カゲロウとミノムシ（オオミノガ）の生態について簡単に紹介してみたが，このような生き物と比較して，確実に私たち人間の平均寿命は極めて長い。とりわけ，多くの生き物が産卵を終えて死にゆくか，短い子育てを終えて死ぬ場合が多いのに比べて，人間の方は出産，そして子育てを終えて，なお数十年を生きていくことになる。

　筆者は，この地上に生きている他の生き物とは違い，このように人間が長く生き，生かされているということは，そこに，一人ひとりが，この世で長く生きる意味や意義，あるいは，長く生きなければならない，何らかの役割や使命があるからではないだろうか，と考えている。

　この世の〈生〉の時間だけが長くなっただけで，そこに，何の意味も意義もなく，あるいは，生きているだけの役割や使命もないとは，どうしても考えられないのである。

　一人ひとりの人間は，この世での〈生〉の時間は異なるものの，一人ひとりに，誰もがそれぞれ，その人が生きている，生かされている意味や意義があり，その人にだけ与えられた役割や使命があるという考えに立てば，その与えられた役割や使命をみいだし果たすまでは－むろん，多くの場合，完全に果たせることは不可能であるとはいえ－，より良く生き続けることが人間に求められていると考えている。

4　大切な人生の物語を生きる
－〈いのち〉をどう使うか－

(1)　他者のいのちに寄りそう

　『広辞苑』によれば，「使命」という文字の意味を「使いとして命ぜられた用向き。使いの役目。使者。自分に課せられた任務。天職。」と解説している。

　ここでは，学問的に厳密な解釈や字義から離れて，「使命」という文字を「いのちを使う」と筆者なりに簡潔に解釈してみたい。

　日本においては，「平成」から「令和」へと新しい時代を迎えたが，今日，

私たちが生きている時代は，その未来が明確に予測できないほど日々変化し，必ずしも平穏無事で安定した時代とはいいがたい。

　では，一体，私たち人間の「使命」とは何か，すなわち，自分の大切なひとつだけのいのちを何に，どのように使うかを考えてみることにしたい。

　もちろん，自分の大切なひとつだけのいのちを何に，どのように使うかはまったく一様ではない。10人いれば10通りの，100人いれば100通りのいのちの使い方があろうし，他人のいのちを自分が使うわけにもいかない。

　たとえば，「12色の色鉛筆」を例にとって考えてみることにしよう。12色の色鉛筆の中でも，よく使用する色鉛筆は短くなっているが，白色の色鉛筆のように，あまり使われない色鉛筆は長いままになっている。しかし，あまり使用されないからといっても，決して「無用なもの」ではなく，たとえ，一度しか使わなくても，その色鉛筆もなくてはならない色鉛筆なのである。それは，すなわち，「すべての色鉛筆に，その色鉛筆にしかできない役割がある」ということである。人間もこの色鉛筆と同様に，その人間にしかできないこと，その人間だから果たさなければならない役割や使命があるといってよいのではないだろうか。

　かくして，自分のいのちをどう使うかは，それぞれの考え方にゆだねざるをえないが，筆者は，「愛し愛され，他人のいのちを守り，寄り添うこと」に自分のいのちを使えたらという願望をもっている。

　この「寄り添う」という言葉は，「共感する」という言葉にいい換えてもよいだろう。相手に「同情する」という言葉も，「共感する」という言葉も，とても思いやりのある言葉であるが，相手に「共感する」という言葉のほうが，より相手の立場に近づこうとする感情であろう。「共感する」とは，相手の苦しみや悲しみなどを自分自身のこととして感じ，一緒に重荷を背負いながら相手と一緒に静かに歩む姿を想起させる。

　医師の柏木哲夫氏が著した『生きること，寄りそうこと』という著書の中に，深い悲しみを背負って生きていくためには，そばにそっと寄りそってくれる人が必要である，と述べている（柏木哲夫，2012年）。確かに，人間は他人の深い

悲しみや苦しみを丸ごと背負うことはできないものの，そばにそっと寄りそっ
て，同じ空間を共にすることはできよう。いや，そうありたいと思い，そのよ
うにありたいものである。

「寄りそう」という点に関していえば，柏木氏の同書に，次のような実話が
掲載されているので簡単に紹介してみたい。

それは，ある航空会社が運航している航空機内での出来事である。

生まれつき，かなり重度の身体障がい・精神障がいの両方を持った息子を
ずっと介護してきた両親の実話である。この両親の一生は，ほぼ息子の介護に
ついやされているという状態の中で，その息子が40歳のときに風邪をこじらせ
て肺炎になり，急に亡くなってしまう。息子の死にショックを受けて悲しみ，
家に1年近く閉じこもってしまうが，息子のためにも少しずつ外へ出るように
しようということで，亡くなった息子の写真を額に入れて，2人で旅をするよ
うにしたという。そして，景色がいいところなどに来ると，カバンから息子の
写真を取り出したりして，まるで3人でいるような感覚で旅を続けていた。

あるとき，空の旅で，「左の席から富士山がとってもきれいに見えます」と
いうサービスの機内放送が入った時，母親がすぐにカバンから息子の写真を取
り出して窓際においたところに，ドリンクサービスの客室乗務員がまわってき
たことから，この2人はジュースを注文した。その時，2人にジュースを渡し
た客室乗務員は，窓際に置かれた写真に気づき，この夫婦がどのような状態で
旅をしているのかを知り，親の愛に非常に感動したという。

そこで，ジュースを渡した客室乗務員は，もうひとつコップにジュースをつ
いで，2人の目の前に差し出し，「窓際の方にも，おひとつどうぞ。」と言葉を
かけたのである。母親は，その言葉を聞いて本当に嬉しくなり，その場で大粒
の涙を流したという。そして，空港に到着してすぐにその航空会社の事務室に
行き，“今日，機内でこんな素晴らしい体験をしました。云々”と褒めたとい
うのである。

このような客室乗務員の姿勢は，まぎれもなく，大事な息子を亡くした2人
の気持ちに「共感した」行為であり，見事なほどに「寄りそう」ことの大切さ

を教えてくれる対応でもある。

　柏木氏によれば，「寄りそう」という場合，専門的な力よりも，人間的な力が要求される。人間に寄りそうためには，時として，自分の考えや生き方を表に出さず，ただひたすらにその人間に寄りそう人間的な力が要求される，とも指摘している。この場合の人間的な力とは，すなわち，「人間力」であろう。この「人間力」は，一人ひとりから立ちのぼる「人としてのかおり」ではないかと筆者は考えている。

　それから，人間の役割や使命に関して，たいへん興味深い本がある。今から，1世紀以上昔の1906年に，アメリカのニューヨークの出版社から日本人が英語で書いた本が出版された。当時，アメリカ・ボストン美術館で中国・日本美術部長を務めていた岡倉天心によるもので，天心は，明治時代に活躍した文明思想家であり美術運動の指導者とも称されている。

　著名な岡倉天心が英文であらわした本は，『茶の本』という名の書名で，日本の「茶道」の精神を通じて，日本人の文化や日本人の精神などを解説している。

　この『茶の本』の中に，次のような逸話が載っている。

　　雪村の描いた有名な達磨の絵を秘蔵していた細川候の城が，守護の侍の不注意から火事になった。なんとしても貴重な品を救い出さねばならないと決心した侍は燃えさかる城の中に飛び込み，掛け物を手にしたが，四方を火に囲まれて出口を見出せない。ひたすら絵のことだけを気遣う侍は，やむなく，自分の腹を刀で切り裂くと，雪村をちぎった袖に包み，大きく口をあけた傷口深く押し込んだ。ようやく火がおさまった後，くすぶる余燼のあいだから，なかば焼けただれた遺骸が発見されたが，その遺骸の中には，秘宝が火にも損なわれることなくおさまっていたという。

（岡倉天心，大久保訳，2005年）

　これは，当時の侍の忠誠心や使命がどれほどのものであったかをよく物語っ

ている逸話といってよいが，まことに見事な死にざまであり，侍としての美的
な死とでもいえる逸話でもある。

　日本の実業家で日本航空名誉会長の稲盛和夫氏が著した『生き方』は，混迷
を極め，先行き不透明な生きにくい社会を生きている私たちに対して，人間の
「生き方」というものを真正面から捉え，根幹から見据えて，人間の生きる意
味と人生のあり方を根本から問い直した内容となっているが，この著作の中で，
稲盛氏は「富」ではなく，「徳」，すなわち「利他の心」による国づくりを目指
すべきであり，「徳」を国家理念の土台として世界に接していく国家となった
時，日本は国際社会から真に必要とされ，尊敬される国になるはずだ，と説い
ている（稲盛和夫，2004年）。

(2)　現在，そして未来へ

　すでに，何度となく，私たち人間の存在のあり様について述べてきたが，人
間のいのちは，ひとりの人間が，尊厳ある人間として，誰にも代わることので
きないこの地上に生きた意味や意義，またその人間個人の尊厳，価値観や思考
など，その身体が失われても忘れられず，未来に受け継がれていくものと考え
ている。

　だからこそ，身体としてのいのちが地上で失われてもなお，後世に生きるも
のが，朽ちることのない魂のあり方を守り，受け継いでいく責任があるのでは
ないだろうかと思うのである。

　現時点において，人間が，誰にも代えることのできない尊い存在であり，そ
のことが真に尊重される社会，それはすなわち，未来への希望や夢を自由に語
り行動することができ，「愛や慈悲に満ちた社会」を理想的な社会のひとつの
姿と考えている筆者にとっても，ただひたすらに苦難と困難に涙する人間に寄
りそう人間力をいかに身につけるかということは，筆者自身の大きな課題のひ
とつでもある。

　「未来は予測するものではない。みずからが創るものなのだ」という名言を
述べたのは，アメリカの科学者・ジャズ音楽家のアラン・ケイである。

最後に，生き続ける人生において，とっておきの言葉がある。

　それは，「起こったことを人生のギフトと思うか？人生の重荷と思うか？」という問いである。この素晴らしい言葉は，身長90cmの車イスに乗ったモチベーターと言われるショーン・スティーブンソンの名言である。自分を愛し自分の人生を愛し，友を愛そうと思うなら，すべての出来事は人生のギフトと思うほかないだろう。

　人間の一生は，ただ一度だけである。どんなに財宝を積んでも，時間を戻すこともできなければ，二度目の人生を手に入れることもできない。人生にリハーサルがあれば，失敗や後悔のない歩みが可能であるかもがそうはいかない。毎日の人生が「本番」の連続である。右にそれたり，左にそれたり，思いどおりに進まないことも多いのが，私たちの人生である。

　しかし，人生に起きたすべての出来事を肯定的にとらえ，前向きに反応し，自分の人生を日々新たに生きることを考えたい。自分と自分の未来は変えられる。過去を悔やむことなく，しがみつかず，いつも明るく前向きに，目には見えない未来にワクワクした気持ちでいたいものである。

　さて，本書の副題は，「生きる力としての情報を考える」であるが，人間は，この地上生涯を去るその瞬間まで，どんなに年齢を重ねても，そして，たとえ身体が不自由であったとしても，人間としての成長は可能である。自分の人生を生きる人間が成長するためには，当然ながら，そこに「生きる力」を必要とする。自分の物語の主役は，何といっても自分自身である。希望と勇気をもって歩みたいものである。

　現在，そして近未来においても，人間としての尊厳がしっかり守られ，愛し愛され，自分の生きる人生の意味に気づき，そしてさらに，数多くの人たちと幸福を分かち合い，全身で幸せを感じることができれば，誰もが「この世に生まれ，生きていてよかった」と心から喜ぶことができるはずである。

　すべての人間は，その存在そのものが誰かに影響を与える。そして，心から喜び，生きる姿は意識的，あるいは無意識的に，身近にいる人たちに勇気と希望を与え，さらには多くの人間を突き動かし，そのことが近未来の社会をより

良い方向へと変えていくのである。

　そのようなより豊かな近未来の姿を心に描きながら，今回，「入門」と題して開いた門のとびらを静かに閉じることにしたい。

おわりに

　すでに「入門」の門の扉は閉じられた。

　本書を読んで，情報や情報メディアに関心を深め，興味をお持ちの方は，いよいよ，本格的に，次の「学問」の門の扉を開けて，思慮深くステップを歩んでいただきたい。

　この「おわりに」は，「入門」の門の扉は閉じた門外の話である。

　情報研究やシステム学を専門分野とする筆者ではあるが，そのわりには，かなり不器用で，情報を手に入れることに関しては，いつも学生たちに先をこされている。

　本を執筆したり，論文を執筆するとなると，研究室は足の踏み場もない。スマートに，しかもおしゃれに執筆活動をしてみたいという願望をいだきながら，いつもまったく逆行動をとっているのである。インターネットなど情報入手・収集の手段はいくらでもあるにもかかわらず，かなりの冊数の書籍やさまざまな資料の上に筆者の足が乗り，鉛筆やら，カラーペンが転がっているのをみるにつけ，時代は急激に変化し，さまざまな事柄が進展しているにもかかわらず，筆者の執筆スタイルは20年以上も変化せず，"進展"とか"発展"とはほど遠い感がある。まさしく，本書は，研究室という泥の土の中から，芽を出した一本のお米の穂のような存在である。

　今回刊行した本書は，数年前に税務経理協会から刊行された『地域社会システムと情報メディア』とは執筆スタイルを大きく変えている。私にとっては，ささやかな"冒険の旅"を味わうこととなったが，本書は筆者の最近における人間の存在，人間の生き方に対する考えについて，かざらずにあらわしたつもりである。もし，かりに不適切な表現があったり言い回しがあったとすれば，浅薄な者のしたこととお考えいただき，寛容のうちにご勘弁いただければ幸いである。

　それでも，著書名が『社会情報入門』という以上は，その名前にふさわしい

役割を果たすべきであると考え，当然ながら十分とはいえないまでも，これまでの筆者なりの研究成果を盛り込んだつもりである。

「はじめに」でもしるしたように，本書は現役の大学生のみならず，高等学校や中学校などで情報関連科目をご担当の先生方，あるいは高校生の方たちの傍らにおかれることを願って執筆したものである。もし，そうであるなら，ほんとうにうれしいかぎりである。

近年の出版事情の厳しい状況の中で，今回の出版が実現したのは，何といっても株式会社税務経理協会代表取締役社長の大坪嘉春氏，並びに同社第三編集部（書籍企画担当）の峯村英治氏の深いご配慮によるものである。ここに，心からの感謝の意をあらわしたい。また，あわせて，本書の製作にたずさわってくださった製作担当の日野西資延氏に対しても謝意をあらわす次第である。

なお，最後に，私事ながら，日常の研究生活を支え，時に病気の友を連れてくる筆者の健康管理を担っている妻・いずみに感謝の気持ちをひとこと書き添えておきたい。

著　者

参 考 文 献

本書で挙げた参考文献は，絶版や品切れでないかぎり，手軽に入手でき，しかも数冊の専門書を除いて，どなたでも読むことのできる書籍を選んで掲載している。

〔1〕 アルノルト・ゲーレン，平野訳，1985年，『人間−その本性および世界における位置−』，法政大学出版局。

〔2〕 稲盛和夫，2004年，『生き方』，サンマーク出版。

〔3〕 ウィリアム・ジェームズ，今田訳，1992年，『心理学（上）』，岩波書店。

〔4〕 エベレット・M・ロジャーズ，安田訳，1992年，『コミュニケーションの科学−マルチメディア社会の基礎理論』，共立出版。

〔5〕 エルヴィン・シュレーディンガー，岡・目鎮訳，1975年，『生命とは何か−物理的にみた生細胞』，岩波書店。

〔6〕 岡倉天心，大久保訳，2005年，『新訳 茶の本』，角川文庫。

〔7〕 沖守弘，1981年，『マザー・テレサ−あふれる愛−』，講談社。

〔8〕 経済企画庁国民生活局編，1983年，『情報社会と国民生活−技術的側面を中心として−』，大蔵省印刷局。

〔9〕 柏木哲夫，2008年，『安らかな死を支える』，いのちのことば社。

〔10〕 柏木哲夫，2012年，『生きること，寄りそうこと』，いのちのことば社。

〔11〕 ゲーリィ・ガンパート，石丸訳，1990年，『メディアの時代』，新潮社。

〔12〕 斎藤環，1989年，『戦略情報システム入門−経営革新の推進と情報戦略の展開』，東洋書店。

〔13〕 坂村健，2006年，「ユビキタス情報社会基盤とは」坂村編『ユビキタスで作る情報社会基盤』，東京大学出版会。

〔14〕 新改訳聖書刊行会訳，1970年，『聖書〔新改訳〕』，日本聖書刊行会。

〔15〕 セオドア・ローザック，成定・新井訳，1989年，『コンピュータの神話学』，朝日新聞社。

〔16〕 テッド・W・エングストロム，松代訳，1986年，『秘められた可能性』，いのちのことば社。

〔17〕 トルストイ，西本訳，1966年，『人生論』，社会思想社。

〔18〕 中村桂子，1993年，「物語としての生命」河合ほか編集『生命と科学』（岩波講座宗教と科学6），岩波書店。

〔19〕 仲本秀四朗，1993年，『情報を考える』，丸善。

〔20〕 新美南吉，1988年，（黒井健・絵）『手ぶくろを買いに』，偕成社。

〔21〕 野村裕之，1997年，『死の覚悟からの生還－肝臓移植を受けて－』，A. デーケン・飯塚編『新しい死の文化をめざして』，春秋社。

〔22〕 半谷高久・秋山紀子，1989年，『人・社会・地球－私たちのシステム論から未来への構図を探る－』，化学同人。

〔23〕 日高敏隆，1994年，『人間についての寓話』，平凡社。

〔24〕 フォン・ベルタランフィ，長野・太田訳，1973年，『一般システム理論－その基礎・発展・応用－』，みすず書房。

〔25〕 ブラウニング，1992年，（ピナルディ絵）「ハーメルンのふえふき」『ファブリ世界名作シリーズ（特装版）24』，TBSブリタニカ。

〔26〕 マイケル・ベネディクト，NTTヒューマンインタフェース研究会ほか訳，1994年，『サイバースペース』，NTT出版。

〔27〕 マジョリー・F・ヴァーガス，石丸訳，1987年，『非言語コミュニケーション』，新潮社。

〔28〕 松岡正剛，1997年，『情報の歴史を読む－世界情報文化史講義』，NTT出版。

〔29〕 村上則夫，1995年，『システムと情報』，松籟社。

〔30〕 村上則夫，1997年，『高度情報社会と人間－日常生活・情報・マルチメディア－』，松籟社。

〔31〕 村上則夫，2005年，『地域社会システムと情報メディア〔三訂版〕』，税務経理協会。

〔32〕 吉見俊哉・水越伸，1997年，『メディア論』（放送大学教材），放送大学教育振興会。

〔33〕 リサ・T・バーグレン，2001年，（ローラ・J・ブライアント絵）『わたしがママのこでよかった？』，フォレストブックス。

〔34〕 リチャード・ワーマン，松岡訳，1990年，『情報選択の時代－溢れる情報から価値ある情報へ－』，日本実業出版社。

〔35〕 リチャード・ワーマン，松岡訳，1993年，『理解の秘密』，NTT出版。

〔36〕 渡辺和子，2013年，『面倒だから，しよう』，幻冬舎。

【図の出所】

第1図－小野欽司「情報学研究の将来像」国立情報学研究所監修『情報学とは何か』，丸善，2002年。

第2図－船橋新太郎「ものの見える仕組み」有福編『認識と情報』，京都大学学術出版会，1999年。

第3図－冨田恭彦「観察と理解」有福編『認識と情報』，京都大学学術出版会，1999年。

第4図－福田忠彦『生体情報システム論』，産業図書，1995年。

第5図－第4図と同書。

第6図－経済企画庁国民生活局編『情報社会と国民生活－技術的側面を中心として－』，
　　　　大蔵省印刷局，1983年。

第7図－仲本秀四朗『情報を考える』，丸善，1993年。

第8図－北原宗律『第2版　情報社会の情報学』，西日本法規出版，2005年。

第9図－http://www.pref.nagasaki.jp/joho/inform1/

第10図－筆者による作成図。

第11図－筆者による作成図。

第12図－エベレット・M・ロジャーズ，安田訳『コミュニケーションの科学－マルチメ
　　　　ディア社会の基礎理論』，共立出版，1992年。

【引用文】

＊1　渡辺和子『あなたはそのままで愛されている』，PHP研究所，2018年。

＊2　星野富弘『ことばの雫』，いのちのことば社，2008年。

＊3　アンジェラ・アキ作詞・作曲「手紙～拝啓　十五の君へ～」。

＊4　サン＝テグジュペリ，内藤訳『星の王子さま』，岩波書店，1962年。

＊5　手塚治虫『ガラスの地球を救え－二十一世紀の君たちへ－』，光文堂，1989年。

＊6　ミヒャエル・エンデ，川西訳『魔法のカクテル』，岩波書店，1992年。

＊7　小沢昭巳『とべないホタル』，ハート出版，1988年。

＊8　松本清張『私のものの見方考え方－私の人生観－』，大和出版，1978年。

＊9　渡辺和子『どんな時でも人は笑顔になれる』，PHP研究所，2017年。

索　　引

著 者 略 歴

村上　則夫（むらかみ　のりお）

1984年　日本大学大学院商学研究科博士後期課程満期修了
現　在　長崎県立大学　経営学部　教授
　　　　実践経営学会理事
単　著　『システムと情報』，松籟社，1995年
　　　　『高度情報社会と人間－日常生活・情報・マルチメディア－』，松籟社，
　　　　1997年〔実践経営学会学会賞（学術研究奨励賞）受賞，1998年〕
　　　　『地域社会システムと情報メディア〔三訂版〕』，税務経理協会，2005年
共　著　『実践経営学研究』，SBB出版会，1990年
　　　　『経営新時代への考察と提言－ビジネス・経営者・人材・財務－』，日
　　　　本経営開発センター，2001年
　　　　『人事マネジメントハンドブック』，日本労務研究会，2004年
　　　　『現代中国の流通と社会』，ミネルヴァ書房，2005年
　　　　『実践経営辞典』，櫻門書房，2006年
　　　　『新経営学概論』，ナカニシヤ出版，2012年

　　　著者Eメールアドレス　　murakami@sun.ac.jp

編著者との契約により検印省略

平成21年11月 1 日　初版第 1 刷発行	**社 会 情 報 入 門**
平成28年12月 1 日　初版第 2 刷発行	－生きる力としての情報を考える－
令和 3 年12月20日　改訂版第 1 刷発行	〔改訂版〕

著　　者	村　上　則　夫
発 行 者	大　坪　克　行
印 刷 所	税経印刷株式会社
製 本 所	牧製本印刷株式会社

発 行 所　〒161-0033 東京都新宿区
　　　　　下落合 2 丁目 5 番13号　　　　株式会社 **税 務 経 理 協 会**

　　　　　振　替　00190-2-187408　　　電話　（03）3953-3301（編集部）
　　　　　ＦＡＸ　（03）3565-3391　　　　　　　（03）3953-3325（営業部）
　　　　　　　　　URL　http://www.zeikei.co.jp/
　　　　　乱丁・落丁の場合は，お取替えいたします。

ISBN978−4−419−06843−1　C3034